AF319997

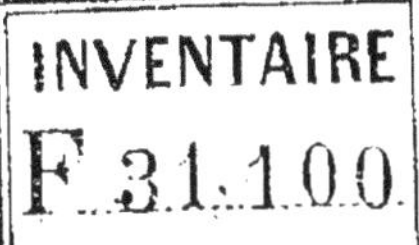

CAUSES CÉLÈBRES,

PAR R. CARONDELEY,

JURISCONSULTE, ET ANCIEN MAGISTRAT.

TOME PREMIER.

N.ᵒˢ 1, 2 et 3.

PRIX, 1 fr. 50 cent.

PARIS,

CHEZ

BASSET et MARTIN, Imprimeurs, propriétaires de l'ouvrage, rue de la Harpe, n.º 249.

RONDONNEAU, au dépôt des Lois, rue St.-Honoré, n.º 75.

DEBRAY, libraire, rue St.-Honoré, barrière des Sergens, n.º 27.

GALLAND, libraire, palais du Tribunat, galerie de bois, n.º 223.

CAPELLE et RENAND, libraires - commissionnaires, rue Jean-Jacques Rousseau, n.º 346.

VENDÉMIAIRE XIII.

Livres nouveaux, relatifs à la législation.

Les Pandectes Françaises, ou Recueil complet de toutes les lois en vigueur, contenant le Code civil, avec les dispositions des lois anciennes ou modernes que ce Code laisse subsister ; par MM. *Riffé-Caubray* et *Delaporte*, Jurisconsultes. (Les tomes 6 et 7 viennent de paraître) ; à Paris, au *bureau du journal du Palais* : *prix*, chaque volume, 5 francs.

Huit cahiers de la *Bibliothèque commerciale* ; par *J. Peuchet*, membre du Conseil du commerce au ministère de l'intérieur : *prix*, 42 fr. ; chez *F. Buisson*, libraire, rue Hautefeuille, n.° 20.

Dictionnaire universel du Droit civil français, ancien, intermédiaire et nouveau ; par M. *Gabriel Bourbon*, 2 vol. 4.° ; à Paris, chez *Renaudière*, rue des Prouvaires, n.° 564.

Code des prises et du commerce de terre et de mer, par M. *Dufriche de Foulaines*, Jurisconsulte, 2 forts volumes 4.° ; à Paris, chez l'Auteur, rue Neuve St.-Augustin, n.° 738 : *prix*, 33 fr.

Les cinquante livres du Digeste ou des *Pandectes* de l'empereur *Justinien*, traduits en français par feu M. *Hulot*, Avocat au Parlement, pour les 44 premiers livres, et pour les 6 derniers, par M. *Berthelot*, professeur de Législation à l'école centrale du Gard ; à Metz, chez *Behmer* et *Lamort*, imprimeurs ; et à Paris, chez *Rondonneau*, au dépôt des lois, rue St.-Honoré, n.° 75.

Traité du contrat de mariage, suivant les principes du Droit civil ; par M. *Commaille*, Homme de loi : à Paris, chez l'auteur, rue Bailleuil, n.° 236.

Lois pénales ; par *Dufriche de Valazé*, 1 vol. 8.° ; chez *Royer*, rue du Pont de Lodi, n.° 3, à Paris. (Le chevalier *Simon*, ancien magistrat sarde, vient de traduire cet ouvrage en italien.)

Table alphabétique des matières du Code civil des Français, rédigée sur l'édition originale et seule officielle ; 4.°, à Paris, chez *Rondonneau*, rue St.-Honoré, n.° 75.

Traité des successions, faisant suite au nouveau traité des donations entre vifs et testamentaires, suivant les principes du Code civil ; par M. *Commaille*, Homme de loi : à Paris, chez l'Auteur, rue Bailleul, n.° 236 : *prix*, 5 fr. 50 c.

Projet de Code criminel, correctionnel et de police, présenté par la commission nommée par le Gouvernement, avec des observations de MM. *Target* et *Oudart*, membres de la commission, terminé par les observations de la cour de cassation, et le compte rendu par le Grand-Juge, 1 vol. 4.°, édition originale de l'imprimerie impériale : *prix*, 4 fr. 50 c. ; à Paris, chez *Rondonneau*, rue St.-Honoré, n.° 75.

Journal du Palais, rue neuve des Bons-Enfans, n.° 15, à Paris.

Collection des jugemens, ibidem.

Nouveau traité du mariage et des conventions matrimoniales, ou de la communauté des biens et du régime dotal, d'après les dispositions du Code civil, avec des modèles et formules de con-

CAUSES CÉLÈBRES.

N.º I.

LEGISLATION CRIMINELLE.

INFANTICIDE (ACCUSATION D')

Contre Louise PERTUY, *acquittée à l'unanimité, le 29 pluviôse X, sur la déclaration unanime du jury de jugement de la Côte-d'Or.*

La prévention et l'opinion publique sont des obstacles difficiles à vaincre. Un accusé contre lequel s'élèvent ces deux reines du monde, a besoin, dans la lutte, de toutes ses forces morales et physiques : ce secours serait insuffisant, si la providence ne faisait en sa faveur un de ces miracles qui surprennent la multitude, mais qui, aux yeux du sage, ne sont qu'une voie secrète pour sauver l'innocence.

Louise en est un exemple frappant. Accusée par la clameur publique, d'un crime que les circonstances rendaient encore plus épouvantable ; abandonnée par cette classe qui rougit de s'intéresser aux filles-mères ; repoussée par ceux qui savent excuser une première faiblesse, mais que de fréquentes rechutes rendent insensibles ; enchaînée par les rapports d'un officier de santé, dont le récit, les réflexions, donnaient à cet infanticide un tel caractère de criminalité, que l'accent de mort était dans toutes les bouches, *Louise* fut cependant acquittée.

Cette absolution serait-elle, comme le veulent persuader les ennemis du jury, la conséquence des vices de cette institution ? Non ; mais elle est le résultat de sa composition accidentelle ; les jurés de *Louise* avaient toutes les qualités requises pour juger sainement une accusation présentée avec tant de confiance, précédée de tous les indices de la vérité ; cette accusation paraissait accompagnée de ce genre de preuves dont on n'ose soupçonner l'insuffisance. Les faits, que nous rapporterons avec l'impartialité qui caractérise l'historien non intéressé, prouveront au lecteur, qu'appelé à l'auguste fonction de juré, il eût prononcé comme le jury de la Côte-d'Or.

Depuis la révolution, les accusations d'infanticide se sont multipliées à un tel point, que ce crime, autrefois si rare, souille tous les ans les annales des tribunaux. Nous serait-il permis d'en rechercher la cause ? Avant la révolution, les filles-mères étaient obligées de faire la déclaration de leur grossesse ; celles qui pouvaient se soustraire à cet acte humiliant, se retiraient chez des accoucheurs ou des sages-femmes. Les soins des gens de l'art garantissaient les enfans de tous les dangers ; et le nombre des enfans naturels morts, soit à l'instant de leur naissance, soit peu de momens après, était dans la proportion de celui des légitimes : s'il existait quelque différence, elle ne provenait que des contraintes employées pour céler la grossesse.

L'immoralité la plus audacieuse ayant éclaté avec les idées révolutionnaires et l'abus des principes philosophiques ; les filles n'attachant plus de prix à la pudeur, et n'y trouvant plus la récompense du culte qu'elles lui doivent, affichent leur maternité avec le même scandale qu'elles étalent les autres désordres.

Les hommes d'une vertu rigide ont pensé que l'absence des mœurs laissait la porte ouverte à tous les crimes, et que toutes les faiblesses devaient être suivies de forfaits ; ils n'ont plus reconnu de ligne de démarcation entre la dissolution et la perversité ; ils ont cessé de croire qu'il existât entre eux un intervalle immense que l'on ne franchit pas toujours ; ils ont demandé compte à la fille-mère, des accidens les plus simples ; des événemens naturels ont été considérés comme les résultats d'une odieuse préméditation ; les plus légères circonstances ont converti les soupçons en conviction. La pudeur étant le plus précieux ornement des femmes, on ne douta point que celles qui se faisaient un honneur d'en méconnaître les lois, ne fussent parvenues au dernier période de la férocité.

Si les mœurs reprenaient leur empire, si l'on voyait moins de faiblesse, moins de chutes, le public serait moins porté à croire à la possibilité de l'infanticide ; il plaindrait les victimes de la séduction, et laisserait à la malignité le soin de divulguer les aventures scandaleuses. Ce retour est-il possible ? Un peuple esclave du luxe peut-il recouvrer sa vertu primitive ? Nous ne le pensons point. Mais que les dangers qu'a courus *Louise*, que les angoisses qu'elle a éprouvées, servent au moins de frein à celles qui n'ont pas assez de courage pour résister à l'impétuosité de leurs sens ; et si la vertu n'a pas assez d'empire sur elles, que l'ignominie, que l'échafaud qui les attend, les arrêtent sur le bord du précipice.

Louise Pertuy naquit à Auxonne en 1770, de parens honnêtes qui demeurèrent en cette ville jusqu'en 1788, époque à laquelle ils s'établirent à Dijon. Jusqu'alors, *Louise*, fidèle aux sages conseils de sa famille, avait suivi ses exemples. Mais la désorganisation, fille de l'effervescence révolutionnaire, produisit le libertinage. Une loi provoqua la prostitution, en accordant des secours aux filles mères. *Louise* ne put résister ni à la séduction, ni à ce penchant qui nous entraîne vers le nouveau qui flatte nos passions. Elle devint mère, et ne rougit point d'une faiblesse qu'un corps de législateurs plaçait au nombre des vertus. Elle allaita et soigna la fille qu'elle mit au jour ; elle la garda près d'elle : si elle ne put conserver des mœurs pures, elle sut remplir les devoirs de la maternité. Rarement on s'arrête sur le chemin glissant de la corruption. *Louise* succomba une seconde fois ; et n'ayant pas les moyens de nourrir, élever et conserver un second enfant, elle le porta à l'hospice, fondé par *Eudes II*, duc de Bourgogne, dans le 13.ᵉ siècle. L'histoire rapporte que ce prince étant à Rome, fut tellement frappé d'horreur en voyant retirer dans des filets des enfans nouveautés, qu'il fit vœu d'établir dans ses Etats un hôpital destiné à servir d'asile aux enfans abandonnés. Il offrit un refuge à l'innocence malheureuse, et les filles-mères ne furent plus réduites à cacher les fruits de leurs faiblesses sous les horribles ténèbres du crime.

Louise n'avait d'autre état que celui d'ouvrière en linge : devenue mère une troisième fois, la naissance et la mort de son enfant fixèrent sur elle les regards et les soupçons, et produisirent l'accusation d'*infanticide*.

Le 16 frimaire X, *Coutant*, maréchal-des-logis de la gendarmerie, passant sur le rempart de Dijon qui avoisine la caserne, aperçut trois ou quatre enfans qui examinaient un paquet de linge dans lequel était enveloppé un nouveau-né de couleur noirâtre, et qui paraissait étouffé. Le magistrat de sûreté, averti par *Coutant*, se transporte sur les lieux, dresse procès-verbal, et reçoit la déclaration de *Chaisneau*, officier de santé, portant que l'enfant était né depuis vingt-quatre heures ; qu'il avait été étouffé ; qu'il avait l'extrémité de l'une des lèvres grillée ; que la peau de la bourse, les fesses, les cuisses, la droite sur-tout, étaient rôties par la braise ; que le charbon n'était pas encore éteint lorsque l'enfant avait été déposé, à en juger par les traces qui restaient ; qu'enfin le cordon ombilical ne paraissait avoir eu aucune ligature : et il en conclut que l'enfant était mort des brûlures, et par le défaut de lien du cordon.

Le magistrat de sûreté, instruit que *Louise* avait été vue quelques jours auparavant proche de son terme, que le 15 on l'avait aperçue délivrée, et qu'elle avait disparu en emportant la clef de sa chambre, se transporta à son domicile, en fit ouvrir les portes, et y entra accompagné de deux commissaires de police, de plusieurs gendarmes, et de quelques témoins.

Il fut constaté par le procès-verbal, qu'on avait trouvé dans le lit de grandes taches de sang, et que le lit de plume en avait été pénétré. *Louise* fut arrêtée. Après plusieurs variations, elle convint avoir été enceinte, avoir accouché depuis plusieurs jours d'un enfant mort, et que la crainte l'avait déterminée à l'envelopper, à le porter sur le rempart la veille de sa fuite, à 7 heures du soir. Sur l'observation qui lui fut faite que cet enfant avait été reconnu brûlé dans plusieurs parties du corps, elle répondit: *Je ne suis point mère dénaturée ; je n'ai point allumé de braise pour brûler mon enfant.*

Louise fut traduite devant le jury de jugement. *Foulaines*, qu'un procès important, relatif à des intérêts commerciaux, avait appelé à Dijon, se chargea de la défense d'une mère que son indigence eût réduite à se défendre elle-même.

L'accusateur-public, fortement ému par toutes les circonstances aggravantes que le magistrat de sûreté avait réunies comme en faisceau pour fixer l'opinion des jurés, se livra à tous les mouvemens d'une juste indignation. Il développa avec un grand talent les preuves qu'il regardait comme concluantes, et réfuta avec beaucoup d'art les raisonnemens de l'avocat, ceux de deux médecins et de deux chirurgiens de Dijon appelés par *Foulaines*. Le discours fort et véhément du commissaire *Dézé* entraîna tous les esprits ; et cette mère, qui n'avait commis d'autre crime que de se livrer à la fougue de son tempérament, allait périr criminelle aux yeux d'une multitude crédule, trop prompte à s'enflammer, et qui trouve la conviction dans des symptômes souvent trompeurs. Le défenseur dissipa les prestiges, calma les esprits, et les disposa à recevoir le jour de la vérité. Nous regrettons de ne pouvoir donner son plaidoyer; cet avocat improvise toujours, et prive le public de ses productions, lorsqu'il n'appelle pas un sténographe.

» Nous réduirons cette défense, dit *Foulaines*, à l'analyse de la seule question que les jurés aient à examiner, celle de savoir si l'enfant vivait au moment de sa naissance. Si *Louise* est accouchée d'un enfant mort, il n'y a point d'*infanticide*.

» *Louise* a constamment soutenu et persiste à soutenir que cet enfant est né mort ; de son côté, *Chaisneau*, dans un second rapport fait trois jours après l'inhumation, a constaté qu'ayant procédé à l'ouverture du cadavre et à l'extraction des poumons, il les a trouvés gros et enflés, et qu'en ayant jeté un morceau dans de l'eau, il a surnagé. *Chaisneau* en conclut que l'enfant a vécu, et n'est mort que par suite des brûlures.

» Avant d'affirmer une circonstance aussi horrible, ne devait-on pas en vérifier la possibilité? Il est des actions qui supposent un tel degré de férocité, qu'elles sont imprésumables, et qu'elles ne peuvent être démontrées que par des preuves aussi évidentes que des axiomes. L'expérience n'a que trop appris qu'il existe des hommes capables d'attenter à la vie d'un semblable qui leur nuit ; mais le moyen le plus simple et le plus prompt est ordinairement celui qu'ils emploient, à moins que la vengeance n'excite leur barbarie, ou que l'intérêt ne les porte à mettre en œuvre des supplices, à l'aide desquels ils espèrent découvrir ce qu'il leur importe de connaître.

» Or, pour donner la mort à un enfant, il ne falloit que la plus légère pression, qu'un étouffement. La facilité de l'exécution devoit faire adopter ce moyen. Celui de la brûlure est trop atroce pour être présumable, dès-lors qu'il en existe un autre si prompt et si simple. Le premier ne laissait point de traces comme celui-ci ; le crime se prémunit contre l'œil de la justice, qu'il croit toujours fixé sur lui.... Passons aux preuves qu'amènent les circonstances. Les brûlures devaient faire pousser des cris qui ne pouvaient manquer d'être entendus par la dame *Dosey* et sa fille, qui occupaient la chambre contiguë à celle de *Louise*. Personne ne déclare en avoir entendu.

» Après un pareil forfait, il devait rester dans la chambre une odeur désagréable : cependant ni le juge-de-paix, ni l'officier de santé, ni aucune des personnes qui visitèrent cette chambre, ne s'en aperçurent. L'acte d'accusation dit que l'enfant a été enveloppé dans la braise allumée, et fortement cousu dans le linge. Mais le linge eût été brûlé ; et le procès-verbal ne le dit point.

» Quel être assez féroce eût pu coudre tranquillement un enfant dans un linge couvert de charbons ardens ? Qui eût pu résister aux cris aigus qu'aurait arrachés un supplice aussi inconcevable ? Quelle mère enfin eût pu consommer un semblable projet, quand même elle eût osé le concevoir ?... Les raisons physiques et morales se réunissent pour anéantir ce chef d'accusation.

» Je reproche à *Chaisneau* de n'avoir point constaté la largeur et la profondeur des blessures occasionnées par la brûlure ; une désignation claire des plaies pouvait seule indiquer si elles avaient pu occasionner la mort. En effet , ce ne sont point des brûlures légères et superficielles qui peuvent produire un pareil effet; et si celles que *Chaisneau* avait cru apercevoir eussent causé la mort, elles auraient été larges et profondes.

» Ce chirurgien n'aurait-il pas pris pour des brûlures, les empreintes que la solidité et la couleur de la braise, trouvée dans les chiffons, avaient faites sur quelques parties du corps? Soit prévention , soit impéritie, il a donné dans une erreur capitale.

» *Chaisneau* attribue la mort au défaut de ligature du cordon ombilical. Le défaut de ligature ne cause point la mort. En pluviôse XI, la femme de *Desbec*, menuisier, accoucha d'un enfant dont le cordon ombilical se déchira à l'endroit même où il s'insère dans l'abdomen , et l'enfant a vécu. La nature n'a point indiqué la ligature comme une nécessité: chez les animaux, la mère déchire le cordon; elle arrête l'hémorragie en léchant la plaie. Donc le défaut de ligature ne peut être une cause de mort.

» *Chaisneau* ajoute que la pression de l'enveloppe dans laquelle il était cousu , lui a fait perdre la vie.

» Si l'enfant eût vécu lorsqu'il fut enfermé dans l'enveloppe, la forte pression eût déterminé le retour du sang dans les vaisseaux ombilicaux; le cordon se fût détendu ; on y aurait rencontré des caillots de sang ; il y aurait eu hémorragie, et le corps en eût été couvert. Cependant, lors de la première visite, ni le procès-verbal dressé par le magistrat de sûreté, ni le rapport de *Chaisneau*, ne firent mention que l'on eût trouvé du sang sur les linges ou sur le cadavre. Témoins, vous n'avez pas vu de sang ; *Chaisneau*. borgne au moral et au physique, n'en a point vu ; les médecins qui m'entendent en concluent que l'enfant n'avait aucun reste de vie, lorsqu'il fut mis dans l'enveloppe..... Détruisons l'argument tiré de la légèreté des poumons.

» L'ouverture des cadavres des enfans morts-nés , ou morts au passage, et de ceux qui ont vécu quelques heures, a fait connaître la différence essentielle qui existe dans toutes les parties internes. La plus frappante est leur volume, leur densité, leur couleur et leur odeur. Ainsi, lorsqu'il s'agit de prononcer sur la question de savoir si l'enfant est mort-né , lorsque la décision peut influer sur l'honneur ou la vie d'une mère , les gens de l'art ne peuvent réunir trop de faits certains , trop de circonstances frappantes ; ils doivent s'éloigner de tout système hasardé, de toute supposition hypothétique, et sur-tout de toute doctrine qui n'est point appuyée sur des connaissances physiques. Cet oubli de la description anatomique des parties internes, peut laisser dans l'esprit des juges , des jurés et du public, une incertitude inquiétante, soit à charge ou à décharge; et si les expériences faites pour constater la vitalité n'ont point ce caractère d'évidence qui produit la conviction la plus intime et la plus générale , elles n'engendrent que l'erreur au lieu des lumières qu'elles doivent répandre.

» Je n'attribue aucune mauvaise intention à l'officier de santé qui procéda à l'examen du cadavre. Son ame peut-être sensible fut révoltée de l'horreur du crime , et la sensibilité put produire la prévention. Cette opinion connue , une foule d'incidens concourent à l'entretenir ; ceux même qui devraient la détruire, sont écartés et considérés comme des illusions mensongères. C'est ainsi que *Chaisnéau* néglige , écarte tout ce qui devait l'éclaircir : il ne s'aperçoit point des contradictions dans lesquelles il tombe , des fausses conséquences qu'il déduit, de la frivolité, ou, pour mieux dire, de l'incertitude et de l'insuffisance de ses expériences : il prend le ton affirmatif qui pourrait en imposer. S'il eût cherché froidement la vérité, il aurait vu que des brûlures occasionnées par le contact direct de corps métalliques très-chauds, ou par des matières combustibles enflammées, ont des caractères particuliers qui les distinguent des brûlures occasionnées par tout liquide bouillant. Ces dernières ne détruisent pas l'épiderme ; elles n'irritent que la peau, et ressemblent aux affections produites par les rubéfians et les acides. Les autres, au contraire, détruisent la peau; il se forme une escarre noire, annonçant tous les symptômes de la gangrène ; et lorsque cette escarre est tombée, il reste un ulcère plus ou moins profond, suivant le degré de chaleur par lequel il a été produit.

» Si les taches noires que le chirurgien dit avoir vues ,

avaient eu tout le caractère que l'expérience assigne aux brûlures, il est impossible qu'il ne s'en fût point aperçu ; la faiblesse du tissu de la peau permettait qu'il fût encore plus grave que dans un individu plus âgé. Donc l'oubli du détail des brûlures ou des plaies devait persuader qu'il n'en existait point.

» L'expérience de la surnatation des poumons, présentée avec tant d'assurance, est au moins aussi équivoque.

» *Plenck*, docteur en chirurgie, professeur royal, public et ordinaire de chirurgie, d'anatomie et d'accouchement en l'université de Bude en Hongrie, donna, en 1781, un ouvrage intitulé *Elementa medicinæ et chirurgiæ*. Voici comment il s'exprime sur *l'infanticide* : *Dans le cas d'infanticide, on croit reconnaître qu'un enfant est né vivant, lorsque son poumon nage dans une suffisante quantité d'eau pure. Cependant, quand même un enfant serait né mort, ses poumons nageraient, si la sage-femme ou une autre personne y avait introduit de l'air par la bouche, ou s'ils avaient déjà contracté de la putréfaction:*

» Ce célèbre anatomiste cite à l'appui de cette doctrine, l'autorité de *Loder*.

» Ce médecin révoque tellement en doute l'infaillibité de ces expériences, qu'il assure que des poumons sains et entiers d'un enfant né au septième mois, et que l'on assurait avoir vécu treize heures, étaient tombés au fond de l'eau.

» *Louise* persiste à soutenir que son enfant est né mort. C'est la troisième fois qu'elle est mère ; elle a soin, malgré sa pauvreté, de sa fille aînée, que vous voyez à vos pieds. *Louise* a profité de l'asyle ouvert aux filles-mères, pour y placer le second fruit de sa fécondité : pourquoi n'y eût-elle pas placé le troisième?

» Le premier mouvement de cette femme, surprise par le travail de l'enfantement, fut, en voyant cette faible créature immobile et privée de tout signe de vie, de lui souffler dans la bouche ; ce moyen a si souvent réussi, que toutes les sages-femmes l'emploient lorsque le nouveau-né les laisse dans l'incertitude.

» Mais en supposant la mort de l'enfant si certaine, que toute tentative fût devenue inutile, la putréfaction ne pouvait-elle point avoir fait des progrès tels, que les poumons se fussent remplis d'air? En effet, l'officier de santé n'exhuma le corps que le 18 frimaire. Il avait été enterré le 16 ; il y avait donc trois jours que ce corps était inhumé.

» Suivant *Louise*, elle est accouchée le 6 frimaire ; plusieurs témoins déposent que d'après leurs remarques elle est accouchée avant le 13. Ainsi, cet enfant avait douze jours dans le système de la mère, et sept dans celui des témoins, lorsqu'on en fit l'ouverture ; ainsi la dissolution avait dû se faire, et provoquer la putréfaction ; elle avait dû être même accélérée par l'inhumation pendant trois jours, par les vents du midi qui régnèrent à Dijon à cette époque, et par les pluies continuelles qui y tombèrent depuis l'inhumation.

» Ainsi, ce laps de temps et l'état de l'atmosphère durent hâter la décomposition des parties et la fermentation putride. Or, l'air qui se dégage des parties animales pendant leur décomposition, dut donner au poumon la légèreté nécessaire pour surnager.

» Le chirurgien dit que les poumons étaient gros et enflés ; mais l'effet naturel de la putréfaction n'était-il pas de les enfler? L'air s'échappant de toutes les parties animales, devait se réunir dans celles qui pouvaient le recevoir. Ainsi, après un long intervalle, après une inhumation, il fallait chercher dans le développement des vaisseaux sanguins et aériens, l'unique preuve de la respiration, et par conséquent de la survie de l'enfant..... »

L'exposition claire et méthodique de cette doctrine fit la plus vive impression sur un auditoire nombreux et choisi, qui était accouru pour être témoin de ces importans débats. La foule des témoins qu'on entendit ne pouvait éclairer la conscience des jurés, et les laissait dans une incertitude alarmante. L'un d'eux disait que « *Louise* lui avait avoué, après l'avoir vivement pressée et sollicitée, qu'elle était accouchée, et qu'une sage-femme avait emporté l'enfant. » Mais les voisins de *Louise*, ceux qui, la nuit et le jour, étaient le plus près d'elle, ne déclaraient point avoir entendu les cris d'un enfant nouveau-né. Cette circonstance, ajoutée au fait certain de l'accouchement le douze frimaire, donnait de la force à la déclaration faite par la mère, que l'enfant était mort avant sa naissance.

Foulaines était momentanément à Dijon. *Louise* crut qu'un jurisconsulte qui n'avait aucune prévention, pourrait plus facilement démêler la vérité, combattre les erreurs et les sophismes d'un crédule chirurgien ; qu'il ne serait arrêté ou refroidi par aucun intérêt particulier. De sages interpellations aux témoins firent disparaître les nuages qui enveloppaient cette cause ; enfin les déclarations des gens de l'art laissèrent dans les esprits une forte impression. L'accusateur-public résista seul, prononça un discours énergique contre la doctrine nouvelle qu'on venait de professer, et persista dans son opinion.

Foulaines sut allier l'énergie à la sensibilité : il réfuta méthodiquement, dans une réplique improvisée, qui dura cinq heures, les nombreuses objections de l'accusateur-public, qui, par un excès de zèle pour les mœurs et la justice, avait soutenu que le rapport de *Chaisneau*, qui avait vu le cadavre, ne pouvait être détruit par celui des médecins et chirurgiens qui n'avaient vu que le rapport ; que l'opinion des médecins n'était qu'un pur système, ne laissant après lui aucune conviction ; que rien n'était moins certain que les certitudes des nouveaux savans ; qu'enfin le rapport de *Chaisneau* méritait au moins autant de confiance que celui des autres médecins et chirurgiens. Il représentait tous les faits déjà connus, opposait les contradictions dans lesquelles il prétendait que *Louise* était tombée, affirmait que le recèlement de la grossesse était une preuve de l'intention de commettre l'infanticide ; il fit valoir comme preuve du délit les mensonges dont elle s'était rendue coupable.

Foulaines réduisit toutes ces objections à leur valeur. Il profita de l'aveu fait par l'accusateur-public, de son incompétence sur le mérite des rapports, pour établir que cet aveu ne lui laissait qu'incertitude, et que, dans ce cas, les jurés devaient s'en rapporter à l'opinion des gens de l'art. Il prouva que leur doctrine n'était pas nouvelle ; que ce qu'on qualifiait de *système*, était une série de principes certains, de raisonnemens sains et précis, fondés sur des exemples et des autorités respectables, telles que celles de *Thouret*, *Bosquillon*, *Corvisart* et *Portal*. « Eh ! qu'opposait-on à cette masse de lumières ? l'opinion de *Chaisneau*..... Mais quand

Chaisneau égalerait en talens les médecins que vous venez d'entendre, cette égalité vous laisserait dans l'incertitude. Moi étranger, j'ignore si cette égalité existe ; mais le public, qui n'est pas plus jaloux de confier sa vie à un empirique que sa cause à un mauvais avocat, dit qu'il ne connaît pas *Chaisneau*, et que les médecins *Brenet*, *Houin*, *Durande* et *Callignon* exercent avec succès, et gratuitement chez les pauvres, tandis que *Chaisneau*, seul avec son mérite, reste sans confiance et sans malades.

» Le recèlement de la grossesse ne provenait que de vues intéressées, mais excusables. *Louise* ne faisait subsister sa fille que des bienfaits d'une dame vertueuse. Elle craignait que l'aveu de sa nouvelle faiblesse ne retirât de dessus son enfant cette main protectrice. Les mensonges n'ont été proférés que par la frayeur que lui inspiraient sa position, et la mauvaise interprétation qu'on pourrait donner à une action plus inconséquente que criminelle.... Puisse *Louise* faire oublier par un retour aux bonnes mœurs, sa malheureuse célébrité ! Que l'épreuve qu'elle a subie lui serve de leçon, et à toutes celles qui ne savent pas résister aux attaques d'un séducteur !.... »

On veut écarter même l'idée du crime ; que celle qui pourrait le commettre trouve, par un autre moyen que celui de son exécution, les avantages qu'elle espère en retirer ; et qu'elle puisse éviter par une autre voie les désagrémens qu'elle redoute : en un mot, rendons ce crime dangereux, et empêchons-le d'être profitable.

Le voleur ne devient assassin que parce qu'il craint pour sa vie.... La fille-mère n'arracherait point à son enfant le jour qu'elle vient de lui donner, si son existence ne compromettait son bien-être. En vain dira-t-on que celle qui a pu enfreindre les lois de la pudeur, aura le front de tout déclarer. Cette erreur ne mérite pas d'être relevée ; ceux même qui l'avancent ont peut-être par-devers eux quelques faiblesses qu'ils ne proclameraient pas ; et si le registre des sottises humaines était ouvert, nous ne verrions pas un grand nombre de nos rigoristes y consigner les leurs.

Rien de mieux vu que l'obligation des déclarations de grossesse ; rien de mieux vu que les peines établies contre l'infraction de cette mesure.... Mais ces peines sont éloignées, incertaines ; et la honte, le déshonneur et leurs suites sont là.... Étouffez donc cette frayeur légitime et trop bien fondée, si vous voulez assurer le repos des mères et l'existence des enfans. Que le secret de la déclaration soit aussi sacré que celui de la confession ; que l'officier chargé de la recevoir soit soumis aux mêmes peines que le confesseur indiscret ; que le registre sur lequel elle doit être consignée ne laisse aucune trace après lui ; qu'il soit fermé aux regards du public, et que la page fatale qui renferme la déposition soit brûlée, dès que le sort de l'enfant sera assuré ; qu'enfin le procureur impérial, qui est l'œil de la justice et le protecteur né de la faiblesse, en soit le dépositaire ; et le but de la loi sera rempli. Le crime ne pourra plus échapper à la justice, puisqu'elle sera prémunie de la connaissance du délit qu'elle redoute, et pourra prendre telles mesures qu'elle jugera convenables pour l'arrêter.

C'est alors que les peines établies contre celles qui n'auront pas fait leur déclaration, seront justes ; les filles-mères qui s'y soustrairont, ne pourront être rangées que dans la classe de ces monstres que l'humanité frémit de trouver dans son sein. Mais, je le répète, tant que ces malheureuses victimes de la faiblesse, et souvent même des circonstances, verront une honteuse publicité prête à suivre leur déclaration, elles emploieront tout pour s'y soustraire ; si toutes ne le font pas, un grand nombre du moins bravera tous les dangers. Le glaive de la justice frappera presque toujours celles qui auront conservé le plus de retenue....

« Pourquoi tant d'accusations d'infanticide ? pourquoi tant de difficultés pour punir le crime ou pour reconnaître l'innocence ? Telles sont les réflexions que font naître les débats du procès de *Louise Pertuy*, rendue à la liberté, d'après les plaidoyers improvisés par *Foulaines*. La fille *Pertuy* était accusée d'avoir grillé son enfant ; il résulte du débat qu'il était mort dans le sein de sa mère. Pourquoi une fille n'est-elle plus tenue à déclarer sa grossesse ? Cette démarche la détournerait d'une seconde faiblesse, et deviendrait la garantie du fruit qu'elle porte. Pourquoi, dans les procès de ce genre,

le tribunal ne choisit-il pas un nombre impair de médecins et de chirurgiens pour faire partie du jury ?
Pourquoi enfin expose-t-on les jurés d'accusation et
ceux de jugement, à n'éclairer leur religion qu'à l'aide
des procès-verbaux rédigés par un seul officier de santé ?
Foulaines a opposé au système de *Chaisneau*,
rédacteur des procès - verbaux, l'opinion entièrement
contraire de *Callignon, Brenet, Durande* et *Houin,*
médecins célèbres de Dijon, dont la consultation était
conforme à l'article Infanticide dans l'Encyclopédie, et au délibéré de *Thouret, Dufriche-des-Ge-
nettes, Corvisart* et *Barthès.* (*Le Citoyen français,*
n.º 876, *du* 24 *germinal an XI.*) »

Si *Louise* fut innocente, il n'est que trop vrai que
le crime dont elle fut accusée a plusieurs fois été commis : l'homme, à son entrée dans le monde, a souvent sa propre mère pour premier ennemi. Toutes les
circonstances de cette cause sont frappantes ; l'énormité
du délit, l'âge de celui qui en est la victime, ses rapports
avec son destructeur. De tout temps, les législateurs, les
jurisconsultes et les philosophes se sont occupés, sans
succès, des moyens de réprimer l'infanticide. Il faut
une longue expérience et une étude bien approfondie
du cœur humain, pour appliquer des remèdes efficaces
à de pareils maux. L'expérience a prouvé qu'il était
presque impossible à la justice la plus sévère, de réunir,
sur l'infanticide, cette masse de preuves lumineuses et
irrécusables, nécessaires pour le constater. Quel est donc
le bnt que la loi doit se proposer ? quels moyens doit-
elle employer pour y parvenir ? Ces questions ont été
profondément discutées dans l'ouvrage de *Poncet,* professeur de législation à l'école centrale de la Côte-d'Or.
Nous l'offrons à la méditation de nos lecteurs :

*Essai sur un point important de la législation
pénale, à l'occasion d'une cause d'infanticide jugée à Dijon, le* 29 *Pluviôse an X.* (1)

Le 16 frimaire an X, un enfant mort, enveloppé dans
des linges, est trouvé sur l'un des remparts de la ville

(1) *A Dijon,* de *l'imprimerie de* Bernard Defay, *rue Portelle;
chez* Coquet, libraire, *place Saint-Jean,* (*an X.*)

de Dijon. Le substitut du commissaire est appelé ; il reconnaît l'état du cadavre : c'est un enfant mâle, venu à terme. Le corps, noirci dans toute sa longueur, paraît avoir été brûlé dans quelques parties, notamment à la tête et aux testicules, mais sur-tout à la cuisse droite. Il peut avoir péri par le défaut de ligature du cordon ombilical, ou avoir été étouffé dans de la braise.

Ces conjectures de l'officier de police sont bientôt confirmées par le rapport d'un chirurgien, qui déclare que, d'après les expériences et les signes ordinaires en pareil cas, il est convaincu que l'enfant est venu à terme, bien conformé ; qu'il a survécu à sa naissance, et que sa mort doit être attribuée à l'hémorragie qui a dû résulter du défaut de ligature du cordon, aux brûlures dont le corps est couvert, et à la pression des linges dans lesquels on l'avait enveloppé.

Deux jours après cette opération, on se rappelle (un peu tard) que l'expérience de la surnatation des poumons n'a point été faite : on exhume le cadavre, l'officier de santé opère, il ne reconnaît point de putréfaction, et les poumons surnagent.

Pendant ces entrefaites, *Louise Pertuy*, déjà trois fois mère, subissait dans la maison de la dame *Royère*, sa bienfaitrice, lingère à Dijon, un interrogatoire des plus pressans et des plus pénibles, en présence de plusieurs autres femmes.

Depuis long-temps on l'avait soupçonnée d'être enceinte ; on l'avait pressée, mais toujours en vain, d'avouer sa grossesse ; on lui avait offert d'être la marraine de son enfant, de s'en charger, de lui servir de mère ; on l'avait comblée elle-même de bienfaits : rien n'avait pu ébranler son obstination, et la faire sortir du système de dénégation qu'elle avait adopté.

Mais chaque jour les signes de cette grossesse étaient devenus plus sensibles ; quoiqu'elle eût eu le courage de ne pas discontinuer les visites journalières qu'elle avait coutume de faire à sa bienfaitrice, ce courage même l'avait trahie, et des traces irrécusables ne permettaient plus de douter de sa faute..... Mais qu'avait-elle fait de son enfant ? où était-il ? qu'allait-il devenir ? La malheureuse niait toujours.

Tout-à-coup une nouvelle affreuse se répand ; un cadavre d'enfant vient d'être trouvé sur le rempart ; un mouvement d'horreur s'élève ; tous les yeux se tournent sur *Louise Pertuy*. Au cri de l'indignation qu'elle excite , elle répond par un cri de désespoir ; elle veut se précipiter : on l'arrête, on la rassure, on la console, on lui tend des secours, on la presse de fuir ; elle se retire, à six lieues de Dijon, dans le sein de sa famille.

Cependant les soupçons l'ont suivie, et l'œil de la justice reste ouvert sur elle ; on ne tarde pas à s'emparer de sa personne ; un jury l'accuse ; elle arrive enfin aux pieds du tribunal qui doit prononcer sur son sort.

La gravité de l'accusation dirigée contre une Dijonnaise, l'éclat qu'avait fait son affaire encore récente, les talens annoncés d'un orateur (1) de la capitale qui s'était chargé de sa défense ; tout se réunissait pour exciter la curiosité inquiète du public : aussi jamais cause quelconque n'avait-elle attiré un concours si nombreux.

Les débats s'ouvrent, les témoins sont entendus, une foule de circonstances accablantes jaillissent contre *Louise* ; le commissaire du gouvernement les recueille, les réunit en faisceau, et en forme une masse terrible ; recèlement de grossesse et d'accouchement ; dénégations mal concertées, mal suivies ; contradictions, mensonges, aveux même, tout paraît s'élever contre elle, annoncer, révéler et la réalité du crime et la conviction de l'accusée. Mais elle n'est point homicide, si son enfant n'a pas vécu. Les médecins et les chirurgiens luttent contre les officiers de santé; on analyse, on critique, on pulvérise avec les armes du talent et de la science, les procès-verbaux du chirurgien isolé qui a constaté la préexistence de l'enfant, et détaillé les causes apparentes de sa mort.

Ce qui semble néanmoins résulter du débat, c'est que le vague et l'incertitude planent sur la matière en litige ; que rien n'est plus équivoque et plus imparfait que les lumières acquises à cet égard ; que les autorités,

---

(1) Dufriche-Foulaines, Membre de l'Académie de législation.

les usages se croisent, se détruisent réciproquement; que les rapports médico - légaux sont toujours faits avec trop peu d'appareil, et souvent par l'inexpérience ou la précipitation; enfin, que les jurés, dans l'impossibilité de saisir des discussions qui leur sont étrangères, restent plongés le plus souvent dans une nuit obscure que rien ne saurait dissiper.

Quoi qu'il en soit, *Louise* est acquittée par un jugement solennel devant lequel toute opinion particulière doit fléchir, puisqu'il appartient à la conscience des jurés, à la conscience de citoyens honnêtes investis par la loi d'un caractère aussi respectable que sacré. Aucune accusée d'infanticide n'a encore, que je sache, été condamnée contradictoirement depuis l'institution du jury en France; aucune accusée n'aurait - elle donc, en effet, porté une main coupable ?.... On frémit, on s'effraie et de l'atrocité d'un crime qui paraît au-dessus des forces de la scélératesse, et de la multiplicité toujours croissante des meurtriers, et du scandale des accusations, et du scandale plus grand encore de l'impunité. Le jugement de *Louise* est le onzième rendu en matière d'infanticide, par le tribunal de la Côte-d'Or. Est-ce la faute des mœurs ou celle de la législation ? Quel remède opposer aux progrès épouvantables de la corruption, qui attaque la nature à sa source et menace la population, soit qu'elle en étouffe le germe avant son organisation, ou qu'elle le détruise après sa naissance ?

Essayons de porter le flambeau de l'analyse et de la réflexion sur une question qui semble tenir de si près aux premiers préceptes de la nature, au premier intérêt de la société, aux premières obligations du législateur.

Nature du crime. Législation ancienne et moderne.

Vainement nous berce-t-on du beau rêve de l'âge d'or; les passions de l'homme naquirent avec lui; les lois de la nature étaient à peine formées qu'elles étaient déjà méconnues; et l'histoire des crimes est aussi ancienne que celle du monde : l'infanticide est l'un de ceux que nous voyons souiller les premiers codes.

L'idée seule de ce crime paraît révolter la nature, et de tout temps des mains maternelles ont pu se tremper dans leur propre sang, détruire leur propre substance!....

Si je ne craignais pas de diminuer la juste horreur qu'il inspire, peut-être ne me serait-il pas imposible d'expliquer cette contradiction en apparence inexplicable; peut-être en descendant au fond du cœur des mères, ne trouverais-je pas, dans les liens qui les unissent au fruit naissant de leurs entrailles, cette force irrésistible que l'habitude d'aimer doit leur donner un jour, et que l'imagination aime à leur prêter dès ces premiers instans : peut-être me serait-il facile d'établir que telle est la loi de la nature, que l'amour maternel à sa naissance soit proportionné à la faiblesse de l'être informe qui en est l'objet; que cet amour impétueux qui pourra, dans sa maturité, étouffer la voix des passions les plus violentes, ne soit dans son principe qu'un sentiment fragile et vague, incapable de lutter contre elles. Mais je me sens retenu par la crainte ou de combattre une opinion vraie, ou de détruire une illusion utile, et je m'arrête.

Quoi qu'il en soit, à supposer que l'on puisse ôter à l'homicide de l'enfant qui n'est pas né ou qui vient de naître, cet aspect odieux d'un crime qualifié contre les lois les plus saintes de la nature ; que l'on puisse concevoir l'idée d'un tel crime dans le cœur d'une mère passionnée, tandis que le meurtre volontaire de l'enfant déjà formé est au-dessus des forces humaines et répugne à la raison ; en un mot, que l'on puisse le faire descendre, par la pensée, au rang des attentats sociaux et de l'homicide simple ; pour n'être pas un crime du premier ordre, il n'en est pas moins un crime épouvantable, et par le tort réel qu'il fait à la population, et par la facilité qu'on trouve à le commettre, et par la lâcheté atroce d'un être fort, déchirant sans pitié, sans péril, une créature innocente ; il n'en est pas moins digne de toute l'indignation des hommes et de toute la rigueur des lois pénales.

D'un autre côté, cependant, s'il est vrai, comme on n'en saurait douter, que les peines sans justice sont des actes de barbarie, que les peines sans mesure sont des gages d'impunité, que pour les rendre justes il faut considérer et la nature du crime, et l'intention du coupable, et le préjudice qu'il a causé, que pour les rendre humaines il ne faut leur donner que la rigueur strictement nécessaire à la répression des délits; s'il est vrai que le législateur doive s'armer plutôt de l'appareil des menaces que de la sévérité des châtimens, et veiller en quelque sorte à la porte du crime pour en défendre l'entrée, plutôt que d'attendre le coupable aux pieds de la justice inflexible; c'est sur-tout l'espèce de crime que nous traitons ici, qui mérite, qui exige de lui toute la profondeur de l'examen le plus scrupuleux, toutes les lumières de l'analyse la plus sévère.

Mais afin d'éclairer notre marche par l'expérience, il est bon de rendre compte de l'histoire de la législation sur le crime de l'infanticide. Quand nous serons parvenus au terme où la science des lois s'est arrêtée, nous verrons s'il est possible, dans les circonstances où nous sommes, de lui faire faire quelques progrès, et nous aurons du moins fixé le point d'où l'on doit partir pour atteindre ce but.

En jetant les yeux sur les codes des nations au sujet de l'infanticide, il est aisé de se convaincre que les législateurs, dominés par les préjugés ou aveuglés par l'ignorance, n'ont jamais apprécié la véritable nature du délit qu'ils voulaient réprimer, jamais sondé les replis du cœur humain, jamais consulté que le hasard ou une inutile férocité.

La plus ancienne loi que nous connaissions à cet égard, est celle de Moïse, qui prononce vaguement la peine de mort contre le crime de l'avortement forcé si le fœtus a eu vie, et n'en prononce point s'il n'était pas encore animé. Qu'est-il besoin de faire sentir l'imperfection d'une pareille loi, dont le moindre défaut serait d'être inutile, puisqu'elle subordonne l'application de la peine à une question de fait sur laquelle la science la plus conjecturale a seule le droit de prononcer?

Le premier état de la législation des Romains sur le sujet qui nous occupe, annonce leur antique barbarie; et le dernier se sent de leur asservissement plutôt

que de leur civilisation (1). C'est d'abord l'infanticide
commandé par la loi même , dans le cas où le nouveau-
né présenterait une difformité telle, qu'on ne pût voir
en lui qu'un être destiné à surcharger inutilement la
société ; loi féroce et bien convenable aux mœurs d'un
peuple de soldats , qui s'armait pour conquérir et pour
régner (2).

C'est ensuite un droit de vie et de mort accordé au
père de famille sur ses enfans, que l'on voit subsister
pendant des siècles, et se convertir enfin en celui d'ex-
hérédation. L'exposition des enfans était une conséquence nécessaire de ce droit farouche; elle était encore
en usage sous les premiers empereurs chrétiens.

Cependant l'avortement avait déjà excité la vigilance
des magistrats ; l'orateur romain, dans un discours qui
n'est point parvenu jusqu'à nous, déclare digne de mort
une Milésienne qui, pour favoriser des héritiers subs-
titués dont elle avait reçu de l'argent , avait eu la
scélératesse de se faire avorter. Cette décision de Cicéron
devint une loi sous les empereurs , qui, prévoyant un
autre cas d'avortement forcé, celui d'une femme di-
vorcée qui, en haine de son mari, fait périr dans son
sein l'enfant qu'elle a eu de lui, condamnent cette
femme à un exil temporaire (3) ; distinction d'où il
paraît résulter que le motif qui avait porté au crime
était encore considéré plutôt que le crime même. Une
autre loi cependant prononce indistinctement et indéfi-

---

(1) Je ne sache pas que rien nous soit resté des lois des Grecs
contre l'infanticide.

(2) On ne peut que gémir sur la faiblesse et la folie humaines ,
quand on voit , dans le temps le plus brillant de la Grèce , un
philosophe , un Athénien, un élève de Socrate , le sage , l'élo-
quent, le divin Platon , ordonner froidement le meurtre ou l'exposition des enfans mal conformés , ou qui excéderoient le nombre de citoyens qu'il donne à sa république imaginaire. *De la
Rép.*, l. 5. Aristote veut aussi que, pour arrêter l'excès de la
population , les femmes soient tenues de se faire avorter. *Des
Lois*, l. 5, et *Politique* , liv. 7. Minos, Lycurgue, Solon, avoient
de même circonscrit le nombre de leurs citoyens, etc. *Voy.* la
traduction de la *Politique* d'Aristote, par Champagne.

(3) *V.* la loi 39, ff. *de pœnis.*

niment la peine de l'exil contre la femme qui aura
procuré par la violence son avortement (1).

Enfin les empereurs Valentinien, Valens et Gratien
prononcent la peine capitale contre l'homicide de l'enfant né ou à naître, et même contre la tentative de
ce crime (2).

On n'aperçoit dans tout cela que des lois de circonstance, ou de préjugés, ou de hasard, auxquelles la
raison ne saurait s'arrêter.

Celles des peuples qui envahirent depuis l'empire
romain, nées dans le sein de l'ignorance et de la barbarie, ne pouvaient guère être plus sages. Il paraît
que du temps de Charlemagne on mit en question si
le meurtre d'un enfant devait passer pour homicide,
et l'empereur se prononça pour l'affirmative (3). Nous
chercherions inutilement dans les siècles de déchiremens
qui suivirent la mort de ce grand homme, quelques
traces de lois et de mœurs.

Cependant, quand la puissance de nos rois eut en-
chaîné l'anarchie féodale, quand de funestes expériences nous eurent dégoûtés des expéditions lointaines,
et que les yeux du monarque se tournèrent enfin sur
la situation intérieure de l'État, on fut frappé de l'extrême corruption qui régnait de toutes parts, et qui était
le fruit nécessaire des longues guerres d'où l'on sortait
à peine, on sentit principalement le besoin d'arrêter
les abus et les scandales que produisait l'impunité du
crime de l'infanticide ; on chercha les moyens de réprimer ce crime, d'autant plus commun et d'autant plus
funeste, qu'il est plus difficile d'en obtenir la preuve.
On conçut bien que c'était sur-tout à le prévenir qu'il
fallait s'attacher ; et l'on imagina, dans cette vue, la
nécessité des déclarations de grossesse et d'enfantement :
mais tout le bien qu'on eût dû se promettre d'une idée
si heureuse et si sage, se trouva détruit par le législateur même ; car négligeant de distinguer les causes
qui portent à l'infanticide, et prononçant dans tous les

---

(1) L. 8, ff. *ad L. Corn. de sicar.*

(2) L. 8, c. *ad L. Corn. de sicar.*

(3) *V.* les Cap., L. 7, c. 121.

cas la peine capitale, il met souvent aux prises la nature et la loi, et assure l'impunité du crime par la rigueur outrée du châtiment. Tel est le fameux édit de 1556, que l'on a regardé long-temps comme un chef-d'œuvre de législation, et que l'illustre chancelier d'Aguesseau mettait au-dessus de toutes les lois des Romains sur la même matière. Cet édit fut suivi d'une ordonnance de Henri III, qui enjoignit aux curés d'en faire la publication au prône tous les trois mois. Enfin Louis XIV renouvela l'une et l'autre de ces lois par son édit du 25 février 1708. Il dit, dans son préambule, que la licence et le déréglement des mœurs, qui font de continuels progrès, rendent tous les jours plus nécessaire la publication de la loi de Henri II. Il fait l'éloge de cette loi, qui tend à assurer non-seulement la vie mais le salut éternel des enfans conçus dans le crime, que leurs mères sacrifieraient à un faux honneur par un crime plus grand encore que celui qui leur a donné la vie, si elles n'étaient retenues par la connaissance de la rigueur de la loi, et si la crainte du châtiment ne faisait en elles l'office de la nature....

Dans le reste de l'Europe, la législation, au sujet de l'infanticide, n'offre ni moins de lacunes, ni moins d'imprévoyance.

Charles-Quint, renouvelant l'ancienne distinction établie par Moïse, condamne l'avortement volontaire à la peine capitale, si l'enfant a eu vie; et dans le cas contraire, à une peine arbitraire, *citra mortem* (1).

La loi d'Angleterre absout la mère, si un seul témoin dépose qu'elle est accouchée d'un enfant mort : mais ce qui vaut mieux qu'une loi si facile à éluder, des asiles d'humanité sont ouverts à Londres pour recevoir gratuitement et soigner les mères qui veulent accoucher en secret; des maisons d'éducation sont établies, où l'on élève, aux frais de l'État, les fruits de ces accouchemens mystérieux.

Le code du grand Frédéric va plus loin : non-seulement il assure un asile et des secours aux victimes d'un amour illégitime; il les soustrait même aux re-

----

(1) *V.* la Caroline, art. 133.

proches de leurs parens; il impose silence à la pudeur publique, et veut que toute grossesse soit respectable aux yeux de l'opinion.

Mais dans le nombre des lois modernes contre l'infanticide, il y en a une qui, toute insuffisante qu'elle est, nous paraît cependant mériter quelque distinction; c'est celle du roi de Danemarck, du mois de janvier 1776, qui condamne à un certain nombre d'années de détention les filles qui auront caché leur grossesse, si leurs enfans vivent; et à la détention perpétuelle, si leurs enfans meurent. Quoique cette loi soit encore bien éloignée de la perfection qu'on pourrait desirer, il faut avouer pourtant qu'elle frappe le but en faisant porter la peine sur le recèlement de grossesse, et que cette peine n'est point révoltante par sa sévérité.

On a dû remarquer, par ce que nous venons de dire, que tandis que les gouvernemens environnans prêtaient l'oreille aux leçons de l'expérience et de la philosophie pour la réforme de leur législation pénale, la nôtre, en ce qui concerne l'infanticide, n'avait éprouvé aucun changement. Mais si l'édit de Henri II restait toujours confiné dans le dépôt de nos lois, depuis long-temps, et bien avant la révolution, l'opinion l'avait frappé de sa réprobation; les tribunaux eussent tremblé d'appliquer à une faute presque imperceptible au milieu de la corruption générale, une peine disproportionnée; et le désordre faisait tous les jours de nouveaux progrès.

Bientôt la révolution éclate; tous les liens politiques et moraux sont rompus; le torrent de la dépravation emporte les faibles digues qui s'opposaient encore à son débordement; dix ans s'écoulent au sein des déchiremens et des crimes: plus de mœurs, ni même d'hypocrisie; les tribunaux retentissent chaque jour des accusations d'infanticide; chaque jour la justice impuissante consacre elle-même, malgré ses vains efforts, l'impunité du crime et son triomphe.

Mais cependant un nouveau siècle, un nouvel ordre, vient d'éclore; la paix est conquise contre toute espérance; l'édifice social, relevé par une main ferme, se rasseoit sur ses antiques fondemens; la voix des factions est étouffée; les passions reprennent leur masque, et le crime recommence à trembler. Quelle circonstance

plus favorable pour éveiller la sollicitude du gouvernement sur l'un des plus grands désordres qui affligent la
société, et pour lui indiquer, sinon des remèdes, du
moins des palliatifs contre une contagion si funeste!

Opinions des jurisconsultes et des philosophes.

Nous avons rendu compte de l'état de la législation
tant ancienne que moderne, et nous n'y avons trouvé
que de faibles lumières pour nous conduire à la solution
du problème que nous cherchons; voyons si les opinions
des jurisconsultes et des philosophes nous seront d'une
plus grande ressource.

Les criminalistes distinguent l'*infanticide proprement dit*, l'*avortement volontaire*, le *recèlement
de grossesse*, et l'*exposition de part*. Le premier est
le crime du père ou de la mère qui met à mort un enfant
déjà né; le second, celui des mères qui donnent la mort
à l'enfant dans leur propre sein; le troisième, celui d'une
fille ou femme qui, n'ayant point déclaré sa grossesse,
est accouchée en secret; le quatrième enfin, celui des
pères ou mères qui exposent leurs enfans dans les rues
ou chemins publics, et les mettent ainsi en danger de
la vie.

Cette division générale fait voir d'abord combien les
lois existantes présentent d'imperfection et même d'iniquité, puisqu'elles prononcent indistinctement la même
peine dans tous les cas.

Mais si on l'examine elle-même avec quelque attention, on est frappé des sous-divisions sans nombre qui
y sont renfermées, et que le législateur, s'il ne veut
rien laisser à l'arbitraire, doit saisir par la pensée pour
y proportionner ses dispositions pénales, c'est-à-dire,
pour être juste.

Par exemple, en ce qui concerne l'infanticide proprement dit, mettra-t-on au même rang le crime de la
suppression du fruit naissant, et le meurtre de l'homme
fait? l'attentat est-il égal contre la nature, contre l'individu, contre la société?

D'abord, si l'on ne doit pas se permettre de décider
avec assurance une question d'un tel intérêt, ne peut-on
pas au moins douter, comme nous l'avons déjà dit, que

les liens naturels qui attachent l'enfant aux auteurs de ses jours, aient en ces premiers instans la force qu'ils doivent acquérir par la suite ?

D'un autre côté, ne sait-on pas que les probabilités de l'existence de l'enfant sont d'autant plus faibles, qu'il est moins éloigné de l'instant de sa naissance; que dans cette première période de la vie, la sensibilité morale n'existe point encore ; que l'on ne connoît pas le supplice de la prévoyance et de la crainte, et que l'homme à peine ébauché traverse avec une insouciance heureuse les dangers sans nombre qui menacent sa fragile existence, passant indifféremment du néant à la vie, ou de la vie au néant, sans redouter l'un et sans attacher le moindre prix à l'autre ?

Enfin le préjudice qu'éprouve la société est-il le même, lorsqu'on la prive d'un citoyen utile, ou seulement de l'espérance d'un citoyen ? (1)

De là si l'on passe à la considération des circonstances qui accompagnent le délit, et des causes qui y donnent lieu, quelle multitude de distinctions ne voit-on pas naître encore ! C'est la démence, ou la fureur, ou la pudeur, ou l'indigence, qui tour-à-tour arment le bras d'un malheureux ou d'un père indigné, ou de la victime d'un fol amour, ou d'une mère désespérée ; et dans cette foule infinie de cas si différens que la justice elle-même ne saurait prévoir, rarement voit-on, par bonheur pour l'humanité, la scélératesse et la soif du sang commander seules un tel crime !

L'avortement volontaire peut de même être le fruit des causes que nous venons d'exposer, ou de l'influence d'un séducteur, ou des conseils et des secours d'une matrone détestable (2), ou de la crainte qu'inspire en certains cas à une femme adultère la révélation de son crime.

____

(1) *V.* un discours couronné par l'académie de Châlons-sur-Marne, en 1780.

(2) Qui pourroit croire que nous en sommes venus à ce point de corruption, que des hommes infames ne craignent pas de faire, presque publiquement, l'affreux métier d'assassiner les enfans dans le sein de leurs mères ? *V.* le Journal de Paris, du 12 germinal an X, et le Moniteur.

Le recèlement de grossesse se rattache principalement à l'idée d'une pudeur alarmée : quelquefois il peut être attribué aux inspirations de la misère qui médite un forfait.

L'exposition de part est aussi le crime de la honte ou de l'indigence ; mais il a cela de distinctif, que celui qui compromet ainsi les jours d'une victime innocente, peut du moins avoir cru que sa confiance dans la pitié publique ne serait point trahie.

C'est ainsi que le crime de l'infanticide offre au législateur une multitude de nuances qu'il lui est peut-être impossible de saisir.

Si l'on ajoute à ces premières difficultés, celle bien plus grande encore d'arracher ce crime aux ténèbres qui l'enveloppent, si l'on réfléchit à l'incertitude des signes auxquels la science médico-légale croit reconnaître la préexistence de l'enfant, si l'on considère que la justice inquiète marche péniblement au milieu du doute, et que si elle n'a point à craindre, dans les experts qui la guident, les erreurs de l'inexpérience, elle doit toujours redouter celles qui naissent ou de l'esprit de système, ou d'une prévention involontaire, ou de l'imperfection même de l'art ; comment espérer de porter le flambeau de la loi au sein de cette nuit obscure ? (1)

Henri II l'avait senti, lorsque, frappé de la presqu'impossibilité d'atteindre l'infanticide, il avait armé la justice contre le défaut de déclaration de grossesse, délit léger en lui-même, mais qui annonce la préméditation du crime ; délit positif d'ailleurs, et non équivoque, qui ne peut échapper à la vigilance du magistrat.

C'est en effet à cette époque de la grossesse que le législateur doit s'attacher, c'est à cette époque qu'il doit

---

(1) Pour se convaincre de la difficulté d'acquérir la preuve de l'infanticide, on peut consulter un ouvrage intitulé *Elementa medicinæ et chirurgiæ legalis*, dont l'auteur est un chirurgien allemand, nommé Plenck, et que l'on trouve en extrait à l'article *Infanticide* de l'Encyclopédie méthodique.

On peut lire encore une dissertation du médecin Lafosse, au supplément de la grande Encyclopédie, même article ; deux mémoires sur les rapports médico-légaux, l'un de M. Louis, l'autre de M. Maret ; enfin les Recherches de Brissot sur toutes ces matières.

faire retentir à l'oreille des mères la menace du châtiment; c'est là qu'il doit, en quelque sorte, tarir le
crime à sa source , et chercher à le prévenir pour n'avoir
pas à le punir un jour.

Mais en infligeant, comme fit Henri II, une peine
sans mesure , on détruit d'une main ce qu'on a voulu
édifier de l'autre : aussi la plupart des commentateurs
paraissent-ils effrayés de la sévérité inflexible et uniforme de l'édit de 1556.

Muyard - Vouglans lui-même , celui de tous que l'on
vit soutenir avec le plus de chaleur les abus et la barbarie
de notre ancienne législation criminelle , ne put s'empêcher d'indiquer les limites d'une loi si rigoureuse , et pré-
tendit que, pour l'application de la peine capitale, il
fallait le concours de sept conditions : 1.º qu'il y eût un
corps de délit constaté par la représentation de l'enfant ;
2.º preuve d'ailleurs tant de la grossesse que de l'accouchement ; 3.º que la fille n'eût déclaré dans aucun tems
ni cette grossesse ni cet accouchement à personne digne
de foi ; 4.º que l'enfant fût venu à tems, c'est-à-dire ,
suivant des arrêts de réglement, avec ongles et cheveux ;
5.º qu'il eût été privé du baptême ; 6.º privé de la sé-
pulture chrétienne ; 7.º qu'il y eût preuve que la fille avait
pu avoir connaissance de la peine qu'elle encourait en ne
déclarant point sa grossesse et son accouchement, c'est-à-
dire qu'il y eût preuve que la publication de l'édit au prône
de sa paroisse avait eu lieu........ : ce qui laissait, comme
on voit, une grande latitude à la défense de l'accusée,
ou plutôt à l'humanité et à l'indulgence des tribunaux.

Rousseau-Lacombe, Traité des matières criminelles ,
ne croit pas que la peine soit applicable au recèlement de
grossesse et d'accouchement non suivi de la mort de l'enfant; il se plaint avec raison de la négligence qu'on ap-
porte à la publication de l'édit. Il cite ensuite Theveneau,
qui distingue , d'après Aristote, différentes espèces d'a-
vortemens: ceux qui se font jusqu'au septième jour de la
conception , et qu'il appelle *écoulemens , pertes de
sang , faux-germes ;* ceux qui se font jusqu'au quarantième jour , auxquels il donne le nom d'*avortemens*
ou *fausses-couches ;* enfin, ceux qui se font après le
quarantième jour, et qu'il appelle *enfantemens préci-
pités* ou *prématurés.* Parmi ces derniers, les uns sont

viables et les autres ne le sont pas. Ces distinctions, suivant le même Theveneau, sont de la dernière importance en jurisprudence. Lacombe les regarde au contraire comme extrêmement dangereuses, sauf, dit-il, à
l'égard des médecins, chirurgiens et apothicaires, qui,
par ignorance des règles, donnent des médicamens
abortifs pour sauver la mère en péril, à tempérer la peine
suivant les circonstances : mais, ajoute-t-il, quand des
filles, pour cacher leur vice, ou des femmes mariées,
pour couvrir leur adultère, ou en haine de leurs maris,
prennent des médicamens et breuvages pour se faire
avorter, en ce cas elles sont punissables de mort, aussi
bien que ceux qui leur en procurent les moyens.

Quant à l'exposition de part, elle peut, continue
Lacombe, tomber dans le cas de l'édit ; cependant, pour
éviter de plus grands maux, la justice ferme les yeux
sur ce délit. On porte sans formalité l'enfant à l'hospice
des enfans-trouvés : ailleurs, les hauts justiciers sont
tenus de se charger des enfans exposés....

Nous ne pousserons pas plus loin l'analyse des opinions diverses au sujet d'une loi tombée depuis long-
tems en désuétude. Interrogeons maintenant les philosophes sur la question qui nous occupe.

Depuis long-tems, la réforme de la législation criminelle de l'Europe était desirée par tous les amis de
l'humanité. Le chancelier de Henri VIII en Angleterre, et l'auteur des Essais en France, esprits bien
au-dessus de leur siècle, avaient gémi sur la barbarie
des lois, et préparé, pour ainsi dire, la voie aux discussions et à l'analyse philosophique. Le dix-huitième
siècle arrive enfin, et le génie de Montesquieu s'empare des idées politiques qu'avaient ébauchées ces deux
hommes dignes de lui servir de modèles et de maîtres.
Il combat sans ménagement les préjugés et les abus,
et dépose dans ses écrits immortels, au milieu d'une
foule d'erreurs, le germe des plus utiles vérités.

Ces vérités, semées par une main habile, ne tar-
dèrent pas à jeter de profondes racines dans des esprits
bien préparés à les recevoir. Il existait alors une fermentation sourde et comme une agitation souterraine
qui semblait annoncer, dès le milieu du siècle, le fléau
régénérateur et terrible qui en a dévoré les dernières

années. Le génie français, incapable de se fixer jamais, se frayait de nouvelles routes dans l'espace : on eût dit que, fatigué de l'éclat du siècle précédent, le sceptre des beaux-arts pesât à ses mains légères ; que, dégoûté de jou'r en paix d'un empire non disputé, et renonçant aux hommages de l'univers, il préférât à l'ennui du trône le plaisir de tenter la fortune et de courir une nouvelle carrière d'ambition et de gloire. Le goût des sciences analytiques avait remplacé celui de la littérature ; la manie de philosopher s'était emparée de toutes les têtes : c'était une mode, un engouement, une fureur universelle. On raisonnait sur tout, on critiquait tout, on remettait tout en question. Principes religieux, sociaux, politiques, on soumettait tout au creuset de l'analyse ; et toutes les illusions, quelque respectables qu'elles eussent été jusqu'alors, s'évanouissaient comme une ombre.

Les abus de la législation criminelle reçurent des premiers le choc de la philosophie. A peine l'auteur de l'Esprit des lois avait donné le signal du combat, qu'une foule de jeunes auteurs s'empressèrent d'entrer en lice. L'Italie venait, en 1764, de leur ouvrir la carrière ; et le Traité des délits et des peines fut comme le texte du grand nombre d'ouvrages qui parurent en France depuis cette époque. Les sociétés savantes en couronnèrent plusieurs ; l'opinion publique les accueillit tous avec avidité. Quelques-uns des écrivains qui se firent remarquer dans la lutte, ont laissé un nom illustre. Nous ne rappellerons ni leurs efforts, ni leurs succès, qui sont consacrés aujourd'hui par nos institutions mêmes. Bornons-nous à chercher dans leurs ouvrages, ce qui est relatif à l'objet que nous traitons (1).

L'Ami des hommes, et après lui Voltaire, Servan, Pétion, Brissot et une foule d'autres, s'attachent principalement à démontrer l'insuffisance et la barbarie de l'édit de Henri II. Tous s'accordent sur la difficulté

____

(1) *V*. la collection de tout ce qui a paru en Europe sur les lois criminelles, jusqu'en 1782, dans la Bibliothèque philosophique de Brissot-Warville.

extrême de constater l'infanticide, et sur la nécessité de le prévenir au lieu de le punir; mais ils diffèrent en un point essentiel sur la nature des moyens à employer pour obtenir le but proposé.

Les uns, plus hardis et plus tranchans, ne veulent aucune composition avec ce qu'ils appellent le préjugé des mœurs, et prétendent étouffer la voix de la pudeur et de la morale publique : ils ne voient dans l'infanticide que le crime de la faiblesse, si c'en est une que d'obéir à la nature ; ils se récrient avec véhémence contre la contradiction impie que l'on établit entre la loi sociale et la loi naturelle, entre l'opinion qui flétrit la malheureuse victime de l'amour, et la loi qui la punit si elle ne se dévoue pas à l'infamie ; ils se représentent l'état affreux d'une jeune fille partagée entre la crainte de l'opprobre et la crainte du supplice, et bravant enfin tous les dangers pour sauver son honneur ; ils ne craignent pas d'imposer silence à l'opinion publique, et de déclarer *toute grossesse respectable* (1). Quelques-uns même d'entre eux, dont le suffrage a trouvé des défenseurs dans la tribune nationale, proposent d'accorder *une prime d'encouragement* aux filles-mères....

Les autres, plus réservés ou plus timides, tout frappés qu'ils sont de la rigueur excessive des lois, ne portent pas le desir de la réforme jusqu'à vouloir renverser le sanctuaire des mœurs et de l'opinion publique. Du reste ils conviennent avec les premiers, que le seul moyen d'arréter à sa source le crime de l'infanticide, consiste dans l'établissement d'hospices où, comme en Angleterre, les filles ou femmes soient admises pour y accoucher *en secret et gratuitement*, et dans lesquels les fruits de ces amours illégitimes soient élevés *aux frais de l'État*.

C'est à ce but que se rattachent, en dernière analyse, toutes les dissertations des philosophes au sujet de l'infanticide.

Ce but, si louable en lui-même, est-il possible de

______

(1) C'est l'opinion de ces auteurs, qui paraît avoir dicté l'article du code Frédéric, que nous avons rapporté.

l'atteindre? ces moyens si efficaces que l'humanité et la justice semblent approuver à l'envi, sont-ils praticables dans les circonstances où nous sommes? ne présentent-ils d'ailleurs aucun inconvénient? enfin, dans l'attente de ces temps prospères que tout nous fait espérer, mais qui sont encore éloignés, où le gouvernement, voulant tout ce qui est bien, ne trouvera plus d'obstacles qui l'arrêtent, faut-il fermer les yeux sur des désordres toujours croissans qui menacent la société même et font gémir l'humanité? Tel est l'objet qui se présente à mes réflexions, et qui demanderait, pour être bien traité, toute autre chose que le zèle dont je suis animé.

Difficulté d'atteindre l'infanticide. Réfutation des philosophes.

Nous avons déjà vu combien de difficultés on a toujours rencontrées dans la recherche du crime de l'infanticide.

S'il étoit presque impossible, dans l'ancien ordre, d'en atteindre les auteurs, combien l'impunité n'en est-elle pas plus assurée depuis l'institution du jury! Peut-on se flatter que de simples citoyens, appelés de loin en loin au plus pénible de tous les ministères, s'arrachant à regret à leurs occupations domestiques, pour remplir des fonctions qui répugnent à la plupart d'entre eux, et qui sont au-dessus de la portée de plusieurs, dépouillent facilement les idées d'humanité et d'indulgence qui constituent la vertu principale de l'homme en société, pour se revêtir, par la pensée, du caractère auguste attaché à la qualité de magistrat ; qu'ils oublient tous les rapports privés qui unissent entre eux les sujets de la même loi, pour se transformer tout-à-coup en pontifes et en ministres de cette loi ; qu'ils s'exagèrent à eux-mêmes l'intérêt qu'ils ont chacun en particulier à la répression des délits, pour embrasser avec une sainte colère le soin de la vindicte publique ? Non , qu'on ne l'espère pas. Et quand la raison seule n'annoncerait pas un semblable résultat, dans le pays de l'Europe sur-tout où l'égoïsme exerce le plus ouvertement son empire, on n'a, pour former son opinion à cet égard, qu'à consulter l'expérience ; et l'on s'apercevra sans peine que la procédure par jurés, infiniment respectable en elle-même, donne une grande garantie au citoyen, mais n'en donne qu'une très-faible à la société. Ainsi donc, sous ce premier point de vue, on conçoit que l'infanticide doit échapper toujours à la punition que la loi voudrait lui infliger.

Je vais plus loin même. Je prétends que dans un ordre tout différent, et quand le soin de prononcer en matière criminelle serait remis comme autrefois entre des mains endurcies par l'habitude de juger; quelque passionnés que l'on veuille croire les juges pour le maintien de l'ordre public, quelque enivrés qu'on les suppose de la gravité de leurs fonctions, quelque pénétrés qu'ils puissent être de la nécessité de punir, et quelque sévères que les ait rendus l'exercice du pouvoir terrible de condamner, je prétends que des juges de cette espèce ne pourraient, sans la plus coupable témérité, prononcer affirmativement la conviction dans la plupart des accusations d'infanticide.

En effet, réfléchissons à la multitude infinie de nuances qui peuvent changer le caractère et la face du crime ; représentons-nous le mystère de l'enfantement, les accidens qui peuvent l'accompagner, et les dangers de toute espèce qu'il présente à l'enfant naissant ; rappelons-nous que presque toutes les causes auxquelles on attribue l'avortement, sont fautives ou douteuses ; que celles auxquelles on assigne ordinairement la mort de l'enfant, n'offrent pas moins d'incertitude ; que rien n'est plus vague que les signes qui servent à constater la survie du nouveau-né ; que d'après l'avis des plus habiles médecins, les signes même de la grossesse sont équivoques ; qu'une malheureuse, surprise dans le sommeil ou dans l'ivresse, et portant dans son sein le gage d'un amour non partagé, peut à la rigueur ignorer son état, et se trouver enfin victime du crime, sans en avoir été la complice : portons nos regards sur les motifs divers qui entraînent à commettre le crime, tantôt la faiblesse ou la séduction, et tantôt la misère ou la honte ; calculons enfin la fragilité des liens qui attachent une mère à son enfant dans ses premiers instans, sur-tout lorsque le désespoir ou la crainte balance dans son cœur les efforts

de

de la nature. Quel est l'homme , quel est le juré , quel est le juge qui oserait former son opinion avec des élémens si faibles , et trouver, au milieu d'une si profonde obscurité , les preuves plus claires que le jour qui doivent appuyer , légitimer , justifier sa décision ?

Concluons donc que cette impénétrabilité presque absolue dans laquelle est le plus souvent enveloppé l'infanticide , doit le soustraire , en quelque régime que ce soit , aux poursuites des tribunaux.

Concluons encore que décerner une peine inflexible et sévère contre ce crime , c'est commettre presque toujours une extrême injustice et un acte de la plus atroce barbarie.

Mais, s'il est impossible de l'atteindre , si l'on doit trembler de le punir , il n'est pas impossible de le prévenir ; et c'est vers ce but principal de toute législation criminelle, qu'il faut diriger les efforts de l'administration publique (1).

Revenons d'abord sur les opinions des philosophes , et examinons les moyens qu'ils nous proposent.

Assurez, nous dit l'un , *autant que vous le pourrez*, une ressource à quiconque sera tenté de mal faire , et vous aurez moins à punir (2).

Dérobez à la honte, s'écrie l'autre, les malheureuses victimes de l'amour ; imitez l'exemple du roi de Prusse ; faites taire l'opinion publique, et *rendez toute grossesse respectable.....* (3)

Enfin ouvrez par-tout des asiles, comme en Angle-

---

(1) Il ne faut pas douter que le tribunal suprême qui doit présenter au gouvernement , en vertu de l'arrêté du 5 ventôse an 10 , le tribut annuel de ses réflexions sur les abus à réformer dans la législation , ne porte ses premiers regards sur la matière importante qui nous occupe ; on doit penser aussi que cette matière n'échappera point aux commissaires chargés de la préparation d'un nouveau code des délits et des peines : heureux si cet essai , tout imparfait qu'il est , peut renfermer des vues utiles , et fixer du moins l'attention des magistrats sur l'un des désordres les plus scandaleux qui affligent la société !

(2) Commentaire de Voltaire sur le traité des délits et des peines.

(3) Théorie des lois criminelles, de Brissot.

terre et en Toscane , nous répètent-ils tous , d'après l'auteur de l'Ami des hommes.

Cet auteur original et piquant est celui d'entre eux qui
a donné le plus de développement à cette idée. Il appelle
les hospices des enfans-trouvés, *la pépinière de l'Etat.*
Il se plaint de la rareté des établissemens de ce genre ;
puis il ajoute : « Ce ne sont point ici les enfans de la débauche ; la débauche ne fait point d'enfans : c'est la
misère , le malheur ou la faiblesse qui vous apportent
leurs enfans. De ces trois choses, les premières sont
respectables ; la troisième excusable pour des anges ,
attendrissante pour des hommes. Je voudrais donc
qu'il y eût, pour recevoir ces tributs précieux, des
maisons dans les capitales des provinces, dans les
villes des second et troisième ordres, dans les chefs-
lieux de sénéchaussée, bailliage, élection, viguerie.... ;
que ces maisons *fussent bien fondées*, et ordonnées
chacune selon ses proportions; que le tout fût des-
servi par des femmes, et qu'il n'y entrât jamais aucun homme; qu'un quartier de bâtiment fût destiné
à recevoir toute personne enceinte qui voudrait s'y
retirer, qu'elle y fût bien traitée sans honte ni reproche, et qu'en sortant, celles qui seraient néces-
siteuses, *reçussent dix écus pour prix du présent
qu'elles ont fait à l'État ;* que sur-tout on n'établît
pas certaines exclusions de territoire et de canton ,
car il n'est pas à croire qu'une pauvre femme qui
veut se cacher, vienne accoucher dans sa propre ville;
mais tandis qu'elle surcharge une maison étrangère,
une autre, par la même raison, va chez elle tenir sa
place. Ce régime vaudrait mieux, pour empêcher des
avortemens, que toutes les ordonnances et lois contre
celles qui ne font pas des déclarations. Vous, continue-
t-il, que la providence a chargés de tenir en bride l'humanité, souvenez-vous que la pudeur quelconque est
le mors le plus efficace pour cela. Il y a autant d'espèces de honte qu'il y a de vertus. Toutes les fois que
nous perdons une sorte de vergogne, nous devenons
vicieux sans ressource en un point. Qui a perdu toute
honte, n'est plus qu'un homme à noyer. C'est par ce
principe, plus encore que par la crainte des animosités,
que la médisance est un vice très-dangereux dans la

société, et que les faiseurs de satires, de chansons cruelles et de libelles, sont des criminels au premier chef. Si je pèche en secret, il y a encore de la ressource, et beaucoup; car qui n'a péché, menti, trompé? Mais si mon crime est dévoilé, mon amour-propre se retourne; il devient effronterie, il se justifie ses propres vices par son audace, en cherchant à y faire tomber autrui, en les supposant où il ne peut les faire naître. La honte donc est un reste précieux de l'innocence gémissante; qui nous ordonne de la perdre, nous prédestine criminels. Maisons utiles, cachez dans votre sein des filles malheureuses, et nous les renvoyez plus pures qu'avant qu'elles eussent besoin de vous, puisque l'attendrissement de la charité et le loisir des réflexions les auront rendues plus honnêtes par principes, et moins confiantes. La pauvreté malheureusement engendre une autre sorte de honte, et met bien des ménages dans la dure nécessité d'exposer leurs enfans. Je voudrais que toutes voies fussent ouvertes pour les recevoir, avec toutes défenses de perquisitions pour reconnaître les parens. »

A l'égard de la destination de ces enfans, l'auteur veut qu'on en fasse, non des soldats, mais des agriculteurs (1). « Soldats par force, dit-il, mauvais soldats : mais tous, bien ou mal tournés, peuvent servir à la terre.... Il y en aurait des entrepôts dans les différens lieux; quand ils auraient atteint l'âge de dix ans, tout honnête laboureur, muni de bons certificats, pourrait en prendre un. On retiendrait son

____

(1) Dans le cours de la révolution, on s'est occupé quelquefois du sort des enfans abandonnés. Un décret du 4 juillet 1793 leur donne le nom d'*enfans naturels de la patrie*. Un autre, du 19 août suivant, accorde des indemnités aux individus ou aux familles qui seraient demeurés chargés d'enfans abandonnés. Le corps législatif décrète, le 27 frimaire de l'an 5, qu'ils seront reçus gratuitement dans les hospices civils, et charge le Directoire de faire un réglement sur la manière dont ils seront élevés et instruits. Le réglement du Directoire, du 30 ventôse suivant, contient des vues de bienfaisance et de sagesse; mais le mauvais état des finances, le dénuement des hospices, mille causes enfin, sans compter la guerre, ont toujours rendu vaines d'aussi respectables intentions.

nom et sa demeure, et on lui donnerait vingt écus, à charge de rendre moitié de cette somme à l'enfant, quand celui-ci voudrait le quitter; ce qu'il ne serait libre de faire qu'à l'âge de seize ans. Ce laboureur jouirait en outre de l'exemption de la milice pour deux de ses enfans, ou pour quatre, s'il prenait deux orphelins..... Tous les ans il devrait représenter l'enfant aux officiers du canton, et, en cas de mort, rendre dix écus.... A ces conditions, il y aurait grande presse à la campagne à qui s'en chargerait. Ces enfans seraient d'abord employés à garder les bestiaux, et bientôt, selon leur talent et leur industrie, deviendraient propres aux différens travaux de la campagne. A l'égard des filles, c'est autre chose ; il y a moins de débouchés et plus de périls pour ce sexe que pour le nôtre : mais on sent que je multiplie les débouchés en lui attribuant en particulier le soin des hôpitaux et des maisons d'enfance, en multipliant les manufactures, dont il faudrait leur laisser tous les ouvrages fins et sédentaires, comme aussi la plupart des autres. Du reste, je laisse au gouvernement les détails». L'Ami des hommes, tome I, part. 2, chap. 7, part. 211 et suiv. de l'édit. in-4.°

On me pardonnera d'avoir transcrit ce morceau, tout long qu'il est, en faveur des vues de détail qu'il renferme, et de l'esprit d'humanité qu'il respire.

Je ne puis que rendre hommage aux intentions de bienveillance qui ont dicté ce système de la multiplication des hospices. Je ne puis disconvenir qu'en général de pareils établissemens ne soient propres à remplir le but proposé, en enlevant aux mères coupables tout intérêt de commettre le crime, et en affranchissant la nature, de tous les liens d'opinion qui la gênent.

Cependant n'est-il pas à craindre qu'en soustrayant ainsi le vice aux regards et à la critique de l'opinion, on n'ouvre une trop large porte à ses débordemens ? Est-il utile d'enchaîner ces jugemens publics qui sont le dernier cri des mœurs dans un pays profondément corrompu ? N'est-il pas dangereux de multiplier les asiles du libertinage ? et n'est-ce pas en quelque sorte s'en rendre le complice, que de lui prêter un aussi grand appui et des facilités si grandes? Méconnaît-on l'influence des unions légitimes sur la population des

États, et l'influence du libertinage sur les unions lé‑
gitimes? Ne craint-on pas de dégoûter les hommes
des privations de la vertu, en protégeant si ouvertement
la dissolution? En un mot, faut-il que les lois se pros‑
tituent, si l'on peut ainsi parler, jusqu'à aplanir le
sentier du vice?

Il est bien vrai qu'on préviendrait l'infanticide en
récompensant la mère d'un fruit illégitime, ou en la
soustrayant du moins à la flétrissure, comme à Sparte ;
mais pour détruire un crime, il ne faut pas détruire
les mœurs (1).

La continence des femmes fut toujours regardée
comme une vertu précieuse. A Athènes, un magistrat
veillait sur la conduite des femmes. Rome fit de la pu‑
dicité une déesse : en Europe, l'opinion du moins rend
hommage à cette vertu (2).

La dissolution des femmes, au contraire, est le fléau
le plus funeste de la société, et l'une des grandes causes
de la dépopulation. Qui voudra s'attacher aux liens et
à la gêne du mariage, quand on peut se promener dans
l'Etat comme dans un sérail? Moins il y a de gens ma‑
riés, dit Montesquieu, moins il y a de fidélité dans les
mariages; comme lorsqu'il y a plus de voleurs, il y a
plus de vols.

Il y a, dit-il ailleurs, tant d'imperfections attachées
à la perte de la vertu dans les femmes, toute leur ame
en est si fort dégradée, ce point principal ôté en fait
tomber tant d'autres, que l'on peut regarder, dans un
Etat populaire, l'incontinence publique comme le der‑
nier des malheurs, et la certitude d'un changement dans
la constitution (3).

Ce sentiment de Montesquieu s'applique, malgré lui‑
même, à toutes les espèces de gouvernemens réguliers,
quelle qu'en soit l'intensité : il n'en est aucun qui puisse
résister long-temps aux atteintes de la corruption ; il n'en
est aucun qui ne doive resserrer ce torrent par tous les

---

(1) *V.* un Mémoire sur les moyens de prévenir l'infanticide,
par Pétion-Villeneuve, alors avocat à Chartres.

(2) *Ibid.*

(3) Le moindre défaut d'une femme galante, c'est la galan‑
terie. *La Rochefoucault.*

moyens qui sont en son pouvoir ; et l'on nous propose au contraire de l'élargir !

Quand même il serait vrai que les Etats moins libres ont moins besoin de mœurs, on ne peut nier que le joug de l'opinion ne soit mille fois préférable à celui des lois ; et sur le fondement d'une proportion vague, imaginée pour soutenir un système brillant dont on est désabusé, les législateurs se croiront-ils permis de briser un frein utile, de comprimer l'opinion, d'autoriser, de consacrer par de scandaleuses récompenses la violation des mœurs et les progrès du libertinage ? trop heureux si, dans le sein de la plus funeste dépravation, ils trouvent encore au milieu des débris quelques bouts de chaînes mal rompues, et si l'opinion publique leur épargne quelquefois la triste nécessité de menacer et de punir !

On veut faire taire l'opinion ; faudra-t-il proscrire encore celle qui flétrit la femme adultère, et lui enlever la honte pour l'engager à conserver le fruit de son crime ?

Que l'opinion qui verse l'infamie sur la victime de l'amour, qui déshonore pour une faiblesse, soit ou non en opposition avec les inspirations de la nature, ce qui est plus que problématique (1), gardons-nous de la détruire, si elle peut garantir l'innocence des séductions du vice, et si le sacrifice d'un frein si salutaire n'est pas absolument nécessaire à la solution que nous cherchons !

Mais en accordant même, si l'on veut, que l'établissement des maisons d'accouchemens secrets soit un moyen avoué par la morale autant que par l'humanité, parviendra-t-on aussi facilement à son but qu'on se le persuade ? l'infortunée que l'on veut sauver de l'opprobre, pourra-t-elle espérer d'ensevelir à jamais sa honte dans ces asiles de la pudeur ? devra-t-elle compter sur le secret, si difficile à obtenir chez un peuple malin et frivole, pour qui la médisance est un besoin ? sera-t-elle plus à l'abri de la critique et du blâme, réfugiée dans un hospice, que cachée en un de ces réduits particuliers où des mercenaires lui vendent leurs secours

---

(1) Il n'est pas vrai, dit Montesquieu, que l'incontinence suive les lois de la nature ; elle les viole au contraire : c'est la modestie et la retenue qui suivent ces lois.

et une discrétion également équivoque dans les deux cas? La malheureuse, véritablement victime d'un instant d'égarement, celle pour qui la honte est le plus grand des supplices après le supplice du remords, osera-t-elle se jeter entre les bras de l'indulgence publique, et lui confier un secret qu'elle voudrait se cacher à elle-même? ira-t-elle se confondre avec une foule de femmes corrompues, qui peupleraient infailliblement ces asiles? Les hospices d'accouchement ne seraient donc utiles qu'aux prêtresses de la débauche, ou au petit nombre d'infortunées pour qui l'indigence a été le tombeau de la vertu; et le but principal qui les aurait fait instituer, serait précisément celui que l'on n'atteindrait pas.

Cependant, à dieu ne plaise que j'aye en vue d'en détourner l'autorité! Réduits à ce degré d'utilité, combien n'offriraient-ils pas encore de précieux avantages, et combien d'innocentes victimes ne seraient pas arrachées au trépas avant d'avoir connu la vie!

Mais si l'humanité du gouvernement le porte, comme on n'en saurait douter, à concevoir des établissemens si justement et si universellement desirés, pouvons-nous espérer que de long-temps l'état du trésor public lui permette d'écouter la voix du sentiment et de réaliser à cet égard les vœux de la philosophie? faut-il donc attendre un avenir encore éloigné, pour remédier au fléau qui nous dévore? Vainement nous opposera-t-on ce principe, dont théoriquement parlant nous reconnaissons la vérité, *que la punition d'un délit n'est juste et nécessaire que lorsque la loi a employé, pour le prévenir, tous les moyens possibles* (1). De son côté, l'humanité réclame la répression d'un crime que l'impunité rend chaque jour plus fréquent; la nature gémit, la société souffre, le scandale est à son comble; une loi est indispensable: quelle est cette loi? c'est ce qui nous reste à examiner. Mais avant d'en venir à cette question, il est bon de résoudre d'abord quelques difficultés qui pourraient obscurcir la matière.

______

(1) Beccaria.

Déclarations de grossesse. Arbitraire des jugemens.

On a beaucoup crié contre l'abus des déclarations de grossesse. Les philosophes, exagérant (comme c'est l'usage quand il s'agit de détruire) les combats de la pudeur et de la loi dans le cœur d'une jeune fille , ont répété, d'après Montesquieu , que l'obligation imposée par l'édit de Henri II aux filles-mères de déclarer leur grossesse , était le comble de la tyrannie.

Après ce déchaînement universel contre la loi de 1556 , et sur-tout après une autorité pareille à celle de l'auteur de l'Esprit des lois, serai - je écouté si j'annonce le dessein de relever une institution déclarée tyrannique et barbare ? et bien que je prétende la dégager de tout ce que la peine qu'elle infligeait avait de révoltant , ne dois-je pas craindre de soulever contre moi l'indignation publique au seul mot de déclaration ? Mais quelle que soit la force du préjugé que l'on m'oppose , je veux et je dois achever la carrière où je me suis engagé dans la seule vue d'être utile.

Et d'abord, qu'on cesse de s'alarmer sur les prétendus tourmens d'une pudeur que nous voyons s'évanouir tous les jours ! En vain voudrait-on , dans un siècle de corruption toujours croissante, attribuer le crime de l'infanticide à la crainte du déshonneur et au désespoir de la honte : combien le législateur ne devrait-il pas s'applaudir de trouver encore dans le cœur des coupables ce frein puissant qui n'arrête pas toujours le crime, mais qui sert du moins à le réprimer et à en empêcher la contagion ! Non, les filles-mères ne sont plus d'innocentes victimes des faiblesses de l'amour; une déplorable expérience nous prouve que la débauche ou la misère sont les divinités funestes auxquelles elles sacrifient la nature d'un bout de l'Europe à l'autre. Quelle prise aurait la honte sur des femmes qui font de la prostitution un système ou un métier, et quels ménagemens ces êtres dégradés méritent-ils du législateur ?

Ce n'est pas qu'on ne puisse rencontrer encore quelques infortunées , dans le cœur desquelles l'innocence ait survécu à la perte de la vertu , et pour qui la nécessité de révéler une chute honteuse serait le plus affreux des tourmens : mais, d'une part, nous avons reconnu que les moyens proposés par la philosophie pour rassurer leur faiblesse et ensevelir leur opprobre, outre qu'ils sont dangereux en morale et peut-être moins efficaces qu'on ne le pense, sont du moins impraticables pendant long-temps encore.

Ne peut-on pas dire, d'ailleurs, que la connaissance du supplice de la révélation dont la loi les menace, sera pour elles un préservatif puissant contre les séductions ; et enfin, que si quelques-unes succombent, l'exemple de leurs déchiremens et de leur ignominie deviendra du moins une leçon terrible pour toutes les jeunes personnes que la vertu seule n'eût pas été capable de retenir dans le sentier du devoir ?

D'un autre côté, on conçoit sans peine les avantages que présente le système des déclarations de grossesse. En fixant sur ce point unique la vigilance du magistrat et les menaces de la loi, on frappe l'imagination de la mère dès les premiers instans de sa conception illégitime, et l'on étouffe le crime, pour ainsi dire, avant de naître ; tout au moins s'épargne-t-on le scandale d'une recherche infructueuse et d'une impunité funeste qui expose la justice à gémir, à rougir de son impuissance. Dans la poursuite du crime d'infanticide, tout est vague, tout est enveloppé d'un nuage impénétrable : dans la poursuite du défaut de déclaration, il n'y a rien que de positif, de clair, de facile à établir. Le fait de l'homicide est toujours incertain ; le fait relatif à la déclaration ne saurait l'être. Il ne faut ni témoins, ni jurés dans une affaire de cette nature ; un registre existe, il fait foi.

Mais, nous dit-on, quels effets donnerez-vous à ces déclarations ? Allez-vous faire revivre l'abus des dispensations arbitraires de paternité ? exposerez-vous, comme jadis, les citoyens les plus recommandables, à rougir de l'allégation calomnieuse d'une prostituée, à supporter le tribut honteux et injuste que le vice leur imposait (1) ? enfin, ne craignez-vous pas de renouveler le

____

(1) On raconte, à ce sujet, un fait assez singulier, arrivé à Londres, il y a une trentaine d'années. Une fille va se déclarer

scandale de la justice ajoutant plus de foi à la déclaration d'une fille déshonorée qu'à celle de l'homme le
plus respectable?

Je sens toute la force de cette objection ; cependant
qu'on me permette d'y répondre.

D'abord je la ferais porter à faux, si j'annonçais
que mon objet n'est pas le rétablissement des déclarations de paternité, mais des déclarations de grossesse ; ce
qui est totalement différent : car enfin on peut défendre
à l'officier public de consigner dans son registre le nom
du père de l'enfant qu'on lui déclare ; ce n'est pas le père
que la loi veut connaître, c'est l'enfant qu'elle veut si-
gnaler, quel que soit l'auteur de ses jours.

En second lieu, quand on proposerait même, pour
prévenir l'infanticide, de rétablir en certains cas les
déclarations de paternité, ne serait-il pas possible de
régulariser ce moyen et de lui enlever tout ce qu'il a
d'arbitraire et de révoltant? ne pourrait-on pas le soumettre à l'épreuve des discussions judiciaires?

Enfin, quand on irait jusqu'à croire utile, en quelques
circonstances, de s'en rapporter provisoirement au témoignage plus que suspect d'une femme dégradée,
mettrait-on en balance le léger désagrément, le léger
sacrifice que l'honnête homme aurait à supporter, dans
cette supposition, avec l'avantage incalculable de sauver
un innocent que menaçait le désespoir de sa mère indi-
gente?

En un mot, sous quelque point de vue qu'on envi-
sage le système que je soutiens, les inconvéniens qui
en résultent sont plus que compensés par l'utilité qu'il
présente.

La nécessité des déclarations une fois établie, il
me reste à faire connaître la manière dont je conçois
mon plan, et l'espèce de sanction que je voudrais
donner à la loi.

On s'attend bien, d'après tout ce que j'ai dit, que

---

grosse, chez un juge de paix. Qui t'a fait cet enfant, dit le juge?
— Monsieur, je n'en sais rien. — Il faut pourtant que tu lui don-
nes un père.— Mais, monsieur, j'ignore qui me l'a fait. — N'importe, jure toujours ; cherche un père, il en faut un. — Eh bien,
monsieur, puisqu'il en faut un, autant vous qu'un autre. — Et
l'honnête juge fut obligé de payer.

je ne proposerai pas le rétablissement de la peine atroce décernée par l'édit de Henri II. Il faut une peine douce, mais suffisante; il faut une peine graduée, et qui se plie en quelque sorte à la diversité des circonstances. Mais je me sens arrêté par une difficulté nouvelle qu'il faut d'abord éclaircir. Il y a dans tout ceci une fatalité singulière; c'est que je me trouve à chaque pas en opposition, non-seulement avec des opinions fortement enracinées, mais encore avec les noms les plus illustres et les plus habiles écrivains : c'est pourquoi je supplie que l'on m'écoute avec quelque indulgence, et que l'on me juge sans prévention.

Depuis que la main de la philosophie a osé soulever le voile mystérieux qui couvrait le système social, un abus a frappé tous les yeux, celui qui résulte du pouvoir arbitraire confié aux dispensateurs de la justice humaine : on s'est demandé s'il était vrai que les hommes, en formant le pacte primitif, eussent pu consentir à soumettre tout ce qu'ils ont de plus précieux, propriété, liberté, honneur, et jusqu'à leur vie même, au caprice de leurs semblables; on a soutenu avec fondement que l'empire de la loi, organe de la volonté publique, était le seul raisonnable et le seul juste; et l'on a induit de ces principes la nécessité de circonscrire, en matière criminelle sur-tout, l'autorité des tribunaux. C'est principalement dans les gouvernemens républicains qu'on a voulu établir la fixité des jugemens, comme plus favorable à la liberté qui est l'ame de ces gouvernemens. Tous les philosophes du dernier siècle, Montesquieu à leur tête, ont prêché avec une sainte ardeur cette doctrine, que la raison et la vérité approuvent et proclament. Mais en s'armant de tout leur courage pour renverser l'un des plus grands fléaux de l'ordre social, ils ne se sont pas arrêtés au point fixe que la sagesse semblait leur indiquer, et ont peut-être outre-passé les justes bornes. La vérité même a ses excès et ses abus, d'autant plus dangereux qu'ils ont une source plus respectable.

Je suis bien éloigné de contester le principe qui sert de base à l'opinion que je combats; je veux seulement faire sentir le péril des exagérations en matière de morale publique, ce que je n'aurai pas grand'peine à persuader.

Les mêmes philosophes qui dénoncent à l'univers le despotisme de l'arbitraire des jugemens, lui dénoncent en même temps, et avec une égale raison, l'iniquité des lois disproportionnées. Ainsi donc ils veulent, d'une part, faire du magistrat l'organe machinal et pour ainsi dire matériel de la loi, et d'autre part ils veulent que la peine fléchisse sous la diversité des circonstances et n'excède jamais une juste mesure. Ils exigent plus encore ; ils prétendent que le code des lois répressives soit court et simple, qu'il devienne entre les mains du peuple le premier épouvantail du crime, et comme le catéchisme de la morale.

Or, pour peu qu'on veuille y réfléchir, il est aisé de sentir l'incohérence et, si l'on peut s'exprimer ainsi, l'*inconciliabilité* qui règne entre ces différentes idées.

On veut que la loi prévoie tous les cas, et l'on veut que la loi soit courte et simple ! on veut que le juge n'ait en quelque sorte besoin que de savoir lire, et l'on veut que la plus exacte justice règne dans la distribution des châtimens ! Mais s'est-on donné la peine de sonder les profondeurs du cœur de l'homme, et de distinguer les millions de motifs différens qui règlent tour-à-tour, ou justifient, ou aggravent ses actions? a-t-on réfléchi à la multitude inimaginable de combinaisons que présente chaque espèce de délit, à la prodigieuse variété de circonstances et d'intentions qui rendent à chaque instant le crime différent de lui-même, à toutes les distinctions nécessaires qui résultent de l'âge, du sexe, de l'éducation ; en un mot, à toutes les nuances également délicates et innombrables qui servent à caractériser la moralité des actions humaines?

Il existe un ouvrage peu connu, mais original, qui peut donner une idée de l'impossibilité de prévoir dans la confection de la loi tous les cas imaginables : c'est un discours de quarante pages sur les obstacles à une bonne législation, particulièrement en matière criminelle, qui parut il y a environ vingt ans, et que l'on attribue à un M. d'A...., fiscal général à Berlin. Cet auteur a eu la patience de calculer par approximation les principaux points de vue sous lesquels on peut considérer le vol simple, en négligeant toutefois une foule

(45)

de circonstances particulières ; et il a trouvé pour résultat qu'en supposant chacune des lois relatives à ce
délit, conçue en deux lignes seulement, il faudrait
tout au moins vingt-un millions de volumes in-folio
de deux mille pages chacun pour renfermer le code de
la législation sur le seul article du vol. Ajoutez, dit-il,
à cette effrayante collection, la solution des difficultés
qu'on rencontre dans l'examen des affaires criminelles,
les règles de certitude, celles relatives à la classification
des faits, à la nature des preuves, à la crédibilité des
témoins, à celle que mérite dans les différentes circonstances la déclaration de l'accusé soit pour ou contre
lui-même, toutes règles nécessaires au juge dans l'administration de la justice, et que le législateur doit déterminer s'il veut fermer tout accès à l'arbitraire.... Après
cela, cherchez un fil pour sortir de ce labyrinthe !

Assurément je suis bien éloigné d'accorder une foi
entière aux calculs de M. d'A...., qui, s'ils n'étaient
pas attribués à un grave magistrat, et sur-tout à un Allemand, pourraient être regardés comme l'ouvrage d'une
imagination en délire ou d'un moment de gaieté (1) ;
sur-tout si l'on ajoute qu'au lieu de briser ses tablettes
à la vue d'un chaos si monstrueux, l'auteur cherche
sérieusement à traverser par l'analyse les sinuosités de
ce dédale impénétrable. Mais en réduisant son calcul
de vingt-un millions de volumes à un seul, à la moitié
d'un si l'on veut, quel fatras épouvantable de lois ne
reste-t-il pas encore à faire à ceux qui veulent épuiser
dans leur code pénal toutes les combinaisons que
peuvent offrir les délits de toute espèce ! Et cependant
on ne peut nier que les délits ne se présentent toujours
sous des faces différentes, et l'on convient que la loi,
pour être juste, doit se varier suivant les cas.

Que l'on convienne donc aussi que le dessein d'em-

____

(1) M. d'A... divise en dix-sept colonnes fondamentales, les
dix-sept principales données à observer en matière de vol, et
porte sous chaque colonne respective, les diverses positions accessoires où le voleur peut se trouver : il multiplie le nombre des
positions de la première colonne, par celles de la seconde ; ce
produit, par le nombre des positions de la troisième ; et ainsi de
suite jusqu'à la dix-septième.

brasser en peu de mots ou en beaucoup de mots tout le système de la législation pénale, est une pure chimère ! Il est temps d'en revenir aux idées saines, et de quitter une fois pour toutes le sentier hasardeux des abstractions morales. Comment n'est-on pas épouvanté de l'inflexibilité de la loi frappant le plus souvent au hasard, sans guide ni mesure ; tandis que l'équité, au contraire, qui est la vraie justice, ou qui est du moins son éternelle base, se prête complaisamment à tous les cas, et modifie ses arrêts suivant la modification des temps, des lieux, des personnes et des circonstances ? Par quelle fatalité redoute-t-on ce système de l'équité dans la législation criminelle, qui a pour objet les premiers intérêts des hommes, tandis qu'on le suit avec tant de fidélité et d'avantage dans la législation civile, qui n'a pour objet que des intérêts si faibles en comparaison de la liberté, de l'honneur, de la vie ?

Cependant, en combattant une exagération que je crois dangereuse, je me garderai bien de tomber dans l'exagération contraire. Si je vois de funestes abus dans l'inflexibilité des lois, je n'en vois pas moins dans l'arbitraire des jugemens.

Le problème consiste donc à marcher entre ces deux écueils. Ainsi le législateur évitera l'un et l'autre, si, prévoyant tous les délits qui troublent ou compromettent l'ordre de la société, et fixant le maximum de la peine que mérite chacun d'eux, il interdit aux tribunaux la faculté d'excéder ce maximum, abandonnant d'ailleurs à leur conscience le soin de graduer cette peine, et de la varier à l'infini suivant les cirsonstances.

Telle est la marche qu'a suivie notre législation en matière de police correctionnelle, et l'expérience se joint au raisonnement pour en faire sentir l'inappréciable utilité.

Vainement nous objecterait-on, avec un ardent défenseur de l'opinion contraire (1), que le droit de

____

(1) L'avocat général Servan, d'après Montesquieu, J. J. Rousseau, Beccaria. Presque tous les philosophes modernes se sont rangés sous cette bannière. Mais on compte pour l'autre système les plus respectables suffrages : Cicéron, Sénèque, Grotius, Puffendorf, Burlamaqui, Heineccius ; et de nos jours, Rizzi, savant avocat de Milan et Pastoret.

punir étant fondé uniquement sur le consentement tacite donné par chacun au pacte social, la loi qui condamne le coupable peut être considérée comme un
arrêt prononcé en quelque sorte par lui contre lui-
même, et qu'il n'en est plus ainsi lorsque la volonté
du juge est substituée à celle de la loi.

Outre que rien n'est moins concluant que ces raisonnemens abstraits, quand il s'agit d'une pure question
de fait et d'expérience, ne peut-on pas dire, en adop-
tant la supposition des adversaires, que la difficulté
est toujours résolue, si, comme nous l'avons dit, le juge
ne peut jamais abandonner la loi que pour en adoucir
les dispositions ; car le coupable ayant voulu plus de
rigueur contre lui-même, quel tort lui fait-on en mi-
tigeant son propre arrêt ?

D'ailleurs, n'oublions pas que nous jouissons en
France du grand bienfait de la publicité des jugemens
criminels, la première, la plus parfaite, et à vrai dire
la seule garantie que les hommes aient pu donner à
l'innocence contre les abus du pouvoir ou les erreurs de
la justice.

Après avoir écarté les principaux obstacles qui s'opposaient à notre marche, hâtons-nous d'arriver à la
solution du problème que nous nous sommes proposé.
Il s'agit d'abord de prévenir, autant qu'il est possible,
le crime de l'infanticide. Il s'agit, en second lieu, de
déterminer la peine qu'il mérite, si l'on est assez malheureux pour n'avoir pu l'empêcher.

Moyens de prévenir ou de punir l'infanticide.

Pour remplir le premier de ces objets, qui est le principal à mes yeux, deux moyens se présentent : l'un que
nous avons reconnu équivoque et dangereux, et sur-tout
d'une exécution impossible jusqu'à présent, je parle des
établissemens d'accouchemens ; l'autre très-simple, déjà
connu, d'une exécution aussi efficace que facile, je
veux dire l'admission des déclarations de grossesse, et,
en certains cas, des déclarations de paternité.

Je dis que la nécessité des déclarations de grossesse
est un moyen efficace, si l'on suppose sur-tout que les
tribunaux aient la faculté de choisir entre la peine d'opi-

nion ou la peine positive, et de les modifier l'une par
l'autre, sans pouvoir excéder, comme je l'ai annoncé,
la limite que la loi aura fixée. Et en effet, quelle est la
mère coupable qui osera, qui voudra se soustraire à l'o-
bligation qui lui est imposée ? Est-ce la prostituée ? mais
une peine corporelle l'attend. Est-ce la femme adultère ?
mais le scandale d'une condamnation flétrissante et
inévitable serait pire mille fois pour elle, que la déclaration à l'officier public ne lui causera de honte. Est-ce
enfin la jeune infortunée qui a conservé la dignité de son
être, même après la perte de son innocence ? mais la
crainte de l'infamie, que les tribunaux verseraient infailliblement sur elle, frappera son imagination, et l'em-
portera dans son esprit sur les alarmes de la pudeur (1).

Je dis que l'admission des déclarations de paternité
peut servir efficacement à prévenir l'infanticide, si l'on
convient avec moi que la misère puisse armer le bras
d'une mère contre le fruit de son libertinage. Je dis que
ce moyen est utile sans être dangereux, si on le réduit au
seul cas de l'indigence légalement constatée, si on en fait
l'objet d'une discussion juridique, si le tribut levé sur
l'honnête homme faussement accusé n'est jamais que
provisoire, s'il peut recouvrer les avances qu'il a faites
et sauver son honneur offensé, si l'homme qui n'est pas
riche est dispensé de tout sacrifice pécuniaire, si la faus-
seté de la déclaration attire à la malheureuse qui l'aurait
hasardée, une peine suffisante; en un mot, si toutes les
précautions sont prises pour ôter aux dispensations de
paternité tout ce qu'elles avaient d'abusif et d'odieux.

D'après ces considérations, voici comment je croirais
avoir résolu la première partie de la question.

Je chargerais un notaire, ou le juge de paix du canton, ou tout autre officier public, sur la gravité duquel
la loi devrait compter, du dépôt du registre des déclarations.

Chaque fille ou femme qui aurait succombé à un amour
illégitime, serait tenue de se présenter à l'officier public
de son canton ou de tout autre, de lui déclarer sa gros-

---

(1) La douceur d'une peine que l'on ne peut éviter, fait mille
fois plus d'impression que la rigueur outrée d'un supplice auquel
on peut espérer d'échapper. *Beccaria.*

sesse ainsi que ses nom, prénom, profession et domicile, et ceux de ses père et mère.

Si la déclarante était sans domicile connu, elle devrait déclarer du moins le lieu de sa naissance ; et dans ce cas elle serait envoyée sur-le-champ par la police du canton, sur l'avis de l'officier public, à l'hospice le plus voisin, pour y être soignée pendant sa grossesse et son accouchement aux frais de la commune de sa naissance, et l'enfant élevé dans ledit hospice aux dépens de ladite commune. Ces frais seraient avancés par le receveur du canton où la déclaration serait faite, sauf à recouvrer ainsi qu'il vient d'être dit ; et dans le cas où il y aurait impossibilité de connaître le lieu de naissance de la déclarante, le trésor public serait chargé des frais dont il s'agit (1).

L'officier public qui aurait reçu la déclaration d'une fille ou femme étrangère à son canton, devrait en écrire sans délai au maire ou autre officier chargé de la police dans le canton du domicile ou du lieu de naissance de la déclarante, et en donner également avis au ministre de la police générale.

Il serait défendu à l'officier public de recevoir et de consigner dans son registre aucune déclaration de paternité, sauf en un cas seulement, savoir, celui où la déclarante lui justifierait de son indigence par un certificat en forme du conseil général de sa commune.

Ce certificat ne serait délivré qu'à celles qui ne jouiraient pas, tant en propriété qu'en industrie ou salaires, d'un revenu équivalent à la somme de deux cents francs, plus soixante francs par chaque personne à leur charge, soit père ou mère, enfant, frère ou sœur, ou allié aux mêmes degrés, ou dont les père et mère ne jouiraient pas, tant en propriété qu'en industrie ou salaires, d'un revenu

---

(1) Il est utile d'intéresser les administrations locales à s'opposer, autant qu'il est possible, au vagabondage de ces êtres inutiles, qui vont traînant par-tout le scandale de leur misère et de leur ignominie ; mais, en dernière analyse, c'est à la puissance publique à leur tendre les secours qui leur sont nécessaires, à moins qu'on ne préfère amortir dans chaque département ou chaque canton, une modique portion des centimes additionnels, pour subvenir à ces dépenses, dont les occasions ne se présenteroient que rarement.

équivalent à la somme de quatre cents francs , plus soixante francs par chaque personne à leur charge , comme il vient d'être dit (1).

Aucune fille ou femme déclarante ne serait admise à faire deux déclarations pour le même fait.

L'officier public qui aurait reçu une déclaration de paternité, serait tenu d'en donner avis sur-le-champ , 1.º à l'individu qui en serait chargé, 2.º au juge de paix du canton où serait domicilié cet individu.

L'individu chargé de la paternité serait obligé de consigner (dans le mois de l'avis légal qui lui en serait donné) entre les mains du receveur de son canton , une somme de deux cents francs (2).

Cette somme devrait être versée dans la caisse de l'hospice le plus voisin , par la personne qu'un ordre écrit de l'officier de police aurait chargée de déposer dans ledit hospice l'enfant de la déclarante, aussitôt après son accouchement , sans qu'en aucun cas il fût permis de remettre ladite somme ou partie d'icelle , directement ou indirectement , entre les mains de la fille ou femme déclarante , sauf ce qui serait jugé nécessaire par le juge de paix , sur l'avis d'un officier de santé , pour les frais de gésine de la mère , etc.

Tout individu , chargé d'une déclaration de paternité , pourrait se dispenser de la consignation dont on vient de parler , en représentant au juge de paix de son canton un certificat en bonne forme du conseil général de sa commune , constatant qu'il ne jouit pas d'un revenu suffisant , tant en propriété qu'en industrie ou salaires. Ce revenu pourrait se calculer de la manière suivante.

Pour un garçon ou veuf , un revenu équivalent à la somme de quatre cents francs , plus cent francs par chaque personne , soit enfant , père , mère , frère , sœur ou alliés aux mêmes degrés qui seraient à sa charge.

Pour un garçon ou veuf sans enfans , à la charge de ses parens , un revenu pour ces derniers , équivalent à la

---

(1) On ne fixe ici le taux de l'indigence que par forme d'indication. Ce taux doit varier suivant la valeur des espèces , etc.

(2) *V.* la note précédente. On pourrait aussi diviser le paiement en plusieurs termes.

somme de huit cents francs , plus cent francs pour chaque parent ou allié aux degrés ci-dessus exprimés , qui
seraient à leur charge.

Pour un homme marié, le même revenu de huit cents
francs , plus les cent francs par chaque personne à sa
charge , comme il vient d'être dit.

Dans les cas d'insuffisance de revenu que l'on vient
de détailler , le gouvernement devrait se charger de la
consignation des deux cents francs , ainsi qu'il a été dit ;
sauf à intenter , au nom du père putatif , l'action correctionnelle dont il va être parlé tout-à-l'heure (1).

Tout individu ne représentant pas le certificat en question , pourrait être contraint , par saisie et vente de ses
meubles , à la consignation des trois cents francs dont
il s'agit.

Cette consignation ne serait que provisoire , et il serait
loisible à l'individu qui l'aurait faite, d'intenter à la mère
déclarante , après son accouchement , une action par-
devant le tribunal correctionnel de l'arrondissement de
cette dernière , pour être déchargé de la paternité.

Si la paternité lui était déférée par le jugement qui in-
terviendrait , il pourrait être condamné à une amende
de cent francs au plus , et à une indemnité envers la déclarante , qui ne pourrait excéder soixante francs , ni
être au-dessous de quarante francs ; et en cas d'insuffisance de revenu , l'amende et l'indemnité pourraient
être converties en une détention dans une maison de
travail , de quatre mois au plus et d'un mois au moins.

S'il était déchargé de la paternité , le tribunal lui dé-
cernerait exécutoire sur la caisse du receveur qui aurait
touché ladite somme de deux cents francs , pour recouvrer cette somme , avec faculté de faire imprimer le jugement à ses frais par-tout où il jugerait à propos ; et
condamnerait la déclarante à un an au plus ou six mois
au moins de détention dans une maison de travail , si
mieux elle n'aimait s'obliger , sous bonne et suffisante
caution , de rétablir dans l'année la somme dont il s'agit
entre les mains dudit receveur. En ce dernier cas , elle

_____

(1) On pourroit encore se procurer cette somme par le moyen
de l'amortissement d'une portion des centimes additionnels.

pourrait être condamnée à une amende de cent francs au plus , ainsi qu'il vient d'être dit.

Le père putatif serait aussi admis à répéter la somme par lui déposée , en cas que l'enfant fût né mort, ou du moins qu'il fût mort avant d'entrer à l'hospice , ou que la mère eût avorté ; et ce par une simple requête adressée au tribunal correctionnel de son arrondissement , et appuyée de pièces en bonne forme pour justifier du fait allégué : mais il n'y aurait plus lieu à ladite répétition, quand même l'enfant serait mort en entrant audit hospice....

Toute action en déclaration de paternité , et toute demande en revendication de la somme consignée, seraient prescrites par trois mois à compter du jour de l'accouchement prématuré ou non de la déclarante.

Toute action ou réclamation de cette nature devrait être jugée dans les trois mois , à compter du premier exploit ou de l'enregistrement de la requête (1).

Toute fille ou femme qui, se trouvant dans le cas de la loi , aurait négligé ou omis de faire sa déclaration de grossesse entre les mains de l'officier public de son canton ou de tout autre , ou qui ne constaterait pas du moins qu'elle a fait cette déclaration à tout autre membre d'une autorité administrative ou judiciaire quelconque de son canton ou de tout autre , serait traduite *de plano* au tribunal criminel , et jugée publiquement dans les trois mois de la connaissance légale du délit (1).

---

(1) Je connois toutes les objections que l'on oppose au système des déclarations de paternité ; mais après y avoir long-temps réfléchi , je ne crois pas qu'il existe un autre moyen de prévenir l'infanticide, dans le cas, beaucoup moins rare qu'on ne pense , où l'indigence pourrait porter à le commettre , à moins qu'on ne veuille faire porter en ce cas tous les frais sur le trésor public , ce qui me paraît difficile et peu sûr. Je crois avoir aplani une grande partie de ces objections, au moyen des précautions que je propose. Si , contre toute apparence , on étoit moins effrayé du mal que du remède , et si l'on aimait mieux laisser une lacune dans la loi , que d'adopter le système dont il s'agit, la partie de mon projet qui est relative aux déclarations de paternité , est indépendante du plan général , et peut aisément en être retranchée.

(1) Je désigne le tribunal criminel , à cause de la publicité

La peine pourrait être graduée, suivant les cas, ainsi qu'il suit : si l'enfant dont elle serait accouchée en secret était vivant, détention correctionnelle, qui ne pourrait excéder deux ans ni être moindre de six mois ; en outre affiche du jugement à ses frais ou aux frais de l'État, suivant les circonstances, dans toutes les communes de son arrondissement, et publication de ce même jugement au prône de sa paroisse ou succursale, et autres paroisses de l'arrondissement, pendant trois dimanches consécutifs, ou à l'issue des exercices religieux dans les temples protestans ou calvinistes dudit canton.

Si son enfant était né mort, et qu'elle ne fût pas prévenue d'y avoir contribué, ou que, par le résultat des poursuites criminelles faites contre elle, elle fût déclarée *absolument innocente de cette mort*, elle ne serait soumise qu'à la peine du défaut de déclaration de grossesse.

Que si, après ces poursuites, elle n'était point déclarée *absolument innocente*, elle pourrait être condamnée à une détention de six ans au plus et de quatre ans au moins ; en outre le tribunal pourrait insérer dans son jugement ces mots : *véhémentement soupçonnée d'infanticide*. Pour cela, le tribunal criminel serait tenu de s'expliquer ou sur l'*innocence absolue* de l'accusée, ou sur les soupçons....

Le tribunal pourrait modifier les peines ci-dessus, ainsi qu'il le croirait convenable, mais sans sortir du cercle qui lui est tracé.

Toute fille ou femme qui aurait fait sa déclaration de grossesse, et qui serait néanmoins convaincue d'avoir homicidé son enfant, encourrait par-là même le maximum de la peine prononcée contre l'infanticide.

Tout magistrat, autre que l'officier public spécialement chargé du registre des déclarations, qui serait convaincu de n'avoir pas transmis audit officier public les déclarations de grossesse qui lui auraient été faites, pourrait être condamné à une amende de mille francs au plus, et de cinq cents francs au moins, avec impression et affiche du jugement à ses frais, suivant les cas.

---

et de la solennité de ses audiences. C'est une innovation que j'introduis ; mais la loi déroge aux dispositions précédentes....

L'officier public qui aurait refusé ou négligé de recevoir une déclaration de grossesse, encourrait la même
peine, et l'amende pourrait être portée contre lui jusqu'à douze cents francs; sans pouvoir jamais être au-
dessous de six cents.

En cas de récidive, les différentes peines ci-dessus
détaillées pourraient être aggravées, etc.

Il serait tenu la main à ce que la loi proposée fût an-
noncée et lue exactement de trois mois en trois mois au
prône de la messe paroissiale, ou à l'issue des exercices
religieux dans les temples des protestans et calvinistes;
en outre, publiée le 1.er vendémiaire de chaque année;
à son de trompe ou de caisse, par le maire ou adjoint de
chaque commune.

Je ne doute pas qu'une pareille loi, que l'autorité publique trouverait sans doute moyen de perfectionner
encore, ne fût un frein suffisant pour arrêter et prévenir la plupart des crimes d'infanticide.

Mais je suppose que, malgré tant de précautions de
la part du législateur, et tant de surveillance de la part
de la police sans cesse provoquée et agissante, le crime
pût encore échapper quelquefois aux liens dont on aurait cherché à l'envelopper, il ne resterait plus qu'à
gémir sur la faiblesse et l'insuffisance de la prudence
humaine; il ne resterait plus qu'à punir: du moins on
n'aurait plus à reprocher au législateur d'employer une
injuste rigueur au lieu d'une prévoyance utile dont il
aurait épuisé tous les ressorts. Ceci nous ramène à la
seconde partie de notre question, savoir, quelle peine
on doit infliger à l'infanticide.

A ne considérer l'infanticide que comme un délit
purement social, ce qu'il ne serait peut-être pas impossible d'établir, il n'en est pas moins digne de toute la
sévérité des lois. Ce qui ajoute encore à la nécessité de
sévir contre un tel crime, c'est la facilité de le commettre et de le dérober à la vigilance des magistrats.
Enfin cette nécessité devient plus grande encore, si
l'on a pris tous les soins possibles pour l'arrêter à sa
naissance. Cependant il ne faut pas oublier (et qu'ai-je
besoin de le répéter?) qu'une rigueur sans proportion
et sans mesure, outre le scandale de l'injustice qui
l'accompagne toujours, conduit infailliblement à un

autre scandale non moins funeste, celui de l'impunité.

Cherchons donc cette proportion exacte et cette juste mesure qui n'est autre chose que l'équité ; nous ne la trouverons que dans une idée précise de la nature et de la gravité du délit.

Inutilement essaierions-nous de nous représenter tous les points de vue différens sous lesquels on peut considérer l'infanticide. Mais quelle utilité nous offrirait une recherche si pénible, quand nous nous en rapportons à la prudence des tribunaux sur les milliers de circonstances qui peuvent l'aggraver ou l'atténuer ? Notre but étant uniquement de fixer le maximum et le minimum de la peine, nous devons envisager le délit, abstraction faite de ses différens degrés de moralité.

Or, l'infanticide en lui-même est un attentat qui nuit à la société beaucoup plus qu'à l'individu, et qui nous paraît outrager la morale et l'humanité, plus qu'il ne viole les lois de la nature. En un mot, à nos yeux l'homicide de l'enfant qui n'est pas né ou qui vient de naître, est tout au plus un meurtre. Le maximum de la peine qu'il mérite ne peut donc excéder en rigueur celle qu'on inflige à ce dernier crime. Nous croyons même que la peine capitale ne devrait jamais être appliquée à l'infanticide considéré comme assassinat ; qu'il serait plus juste et plus prudent tout-à-la-fois de la convertir en une détention prolongée dans une maison de travail forcé, ne fût-ce que pour rassurer l'imagination des jurés, et assurer ainsi la punition du crime (1). Quant au minimum, il ne peut être au-dessous de la peine la plus grave que nous avons proposée contre le défaut de déclaration de grossesse, y joint l'exposition, l'écriteau *Mère homicide*, et la publication du jugement, etc.

Mais on jugera mieux du mérite de notre système, en le comparant aux vues qui ont été présentées sur la même matière par deux auteurs modernes.

L'un propose de rétablir le supplice dont les Égyptiens punissaient l'infanticide ; savoir, de promener le coupable ou la coupable, pendant un certain nombre de

---

(1) En général, que le droit de décerner la peine de mort con-

jours, au milieu des places publiques, tenant entre ses bras le cadavre de sa victime (1) ; supplice affreux pour certains coupables, mais nul pour le plus grand nombre, et d'ailleurs tout-à-fait en contradiction avec nos mœurs.

L'autre, portant ses regards sur les principales divisions de ce crime, punit différemment suivant les différens cas.

Il veut que la mère qui a exposé son enfant, soit admonestée, en cas qu'elle n'ait pas porté son enfant *en lieu de sûreté*, et condamnée en outre *à une amende et une aumône* au profit des pauvres orphelins ; de plus, *ses biens* confisqués au profit de l'enfant exposé, si elle n'en a pas d'autres, et si elle en a, intérêts civils adjugés à ces enfans *sur la masse desdits biens* avant tout partage.

Que si l'enfant exposé est mort sans le fait direct de la mère, outre *l'amende et l'aumône*, reclusion dans un hôpital, ou relégation aux îles à perpétuité, avec *défense de revenir, sous peine de mort.*

Enfin, si l'enfant est mort par le fait direct de la mère, peine de l'infanticide proprement dit.

Cette peine de l'infanticide ou suppression de part, consisterait, selon l'auteur, en une *amende, aumône*, amende honorable avec écriteau portant ces mots, *Mère homicide* ; puis *LA PERTE DE LA VIE DEVANT LE CADAVRE DE L'ENFANT.*

---

tre les coupables, appartienne ou non à la société, ce que nous ne devons ni ne voulons examiner en ce moment ; toujours est-il vrai de dire que cette peine est un véritable fléau, sous un régime de jurés, et une source funeste d'impunité et de scandale. Nous en avons eu à Dijon un exemple frappant. Un incendiaire est en même temps accusé d'un vol simple ; le crime d'incendie est avéré, celui de vol est beaucoup moins certain. S'il n'eût été qu'incendiaire, les jurés n'eussent peut-être pas osé l'acquitter ; mais il est en même temps voleur : on déclare constant le fait douteux, et non constant le fait avéré.

On a beau nous faire un devoir de fermer les yeux sur la peine ; il n'est aucun juré qui, avant d'aller juger, ne consulte son code pénal ; et peu se soucient d'être magistrats de mort !

(1) Discours prononcé à Besançon, en 1770, sur la nécessité de supprimer les peines capitales.

Contre l'avortement *involontaire*, s'il a lieu après le recélé de la grossesse et *dans les quarante jours d'icelle, amende, aumône*, et reclusion à tems dans une maison de force après l'amende honorable sèche. Dans la même hypothèse, mais *après les quarante jours de la grossesse*, même peine, sauf que la reclusion serait perpétuelle, ou remplacée par *la relégation aux îles sous peine de vie*. Contre l'avortement *volontaire*, peine de l'infanticide proprement dit (1).

Quant à nous, nous croyons inutile d'entrer dans tous ces détails de prévoyance qui sont même bien loin d'être suffisans.

L'exposition de l'enfant, dans notre hypothèse, donne lieu à la peine du défaut de déclaration (non compris, ce qui est de toute justice, les recherches civiles si l'enfant est vivant, et s'il a été recueilli ou par l'État ou par des particuliers).

Si l'enfant est mort, l'exposition peut devenir, suivant les circonstances, un assassinat ou un meurtre : c'est aux tribunaux à juger de ces circonstances, et à infliger ou la peine de ces crimes, ou une peine moindre, mais plus forte que celle du défaut de déclaration, ou du moins cette dernière peine, qui est toujours inévitable.

Il en faut dire autant de l'avortement involontaire ou forcé. L'avortement forcé est un meurtre ; l'avortement involontaire ne présente de délit positif que le défaut de déclaration, qui est prévu.

En un mot, les deux points extrêmes étant clairement déterminés, les juges ne peuvent ni s'arrêter en deçà, ni passer outre ; et dans tous les cas le crime ou la négligence est toujours sûre de trouver la peine qui lui est due.

Il ne nous reste plus qu'une seule observation ; c'est qu'il est bon, dans toutes les suppositions, de laisser les tribunaux maîtres de mêler le supplice de la honte à la peine corporelle contre les coupables convaincus d'infanticide ; ce qui ne détruit pas les principes que nous avons établis, puisque la peine réelle étant mise par la loi à leur disposition, ils ne peuvent que la tempérer en la

---

(1) Discours sur les lois pénales, qui a obtenu l'accessit à l'académie de Châlons-sur-Marne, en 1780.

Transformant quelquefois, s'il y a lieu, en peine d'opinion (1). Et c'est ainsi que remplissant effectivement les
honorables fonctions de la magistrature , ils pourront
chaque jour donner au peuple d'utiles leçons de morale
et de grands exemples d'équité !

---

(1) On n'emploie pas assez la honte comme châtiment : peut-
être, en la graduant, en obtiendroit-on les plus utiles effets chez
une nation que l'opinion gouverne principalement , et qui sa-
crifie à la chimère heureuse de l'honneur.

Qui sait même si , à défaut de ces freins domestiques que la
révolution a brisés , on ne pourroit pas s'en servir pour réprimer
certains vices que les lois n'atteignent pas ; et qui sont pourtant
presque toujours la source des crimes ? Pourquoi l'œil d'une
magistrature particulière ne seroit-il pas chargé de surveiller les
scandales de l'immoralité ; et sans porter dans l'intérieur des familles le flambeau de la loi , pourquoi le magistrat ne saisiroit-
il pas, en quelque sorte , au moment de leur explosion , ces éclats
de perversité et de corruption qui sont d'un si funeste exemple ,
et que l'impunité rend plus contagieux encore ? Pourquoi ne ré-
tablirions-nous pas, en un mot, cette infamie de fait que les Romains versoient sagement sur le fils peu respectueux , sur l'ingrat , le débauché , l'homme sans principes et sans mœurs, etc. ?
L'opinion , dit-on , en fait justice : mais d'abord cette opinion
vague et incertaine , qui naît et meurt au même instant , ne se
rattache à aucune peine positive qui puisse perpétuer ses arrêts ;
d'un autre côté, présente-t-elle , ainsi abandonnée à ses propres
forces , une digue assez puissante aux efforts réitérés de la corruption ? N'est-il pas à craindre que ce torrent qui grossit tous
les jours, ne finisse par l'entraîner elle-même ? Le magistrat, in-
terprète de l'opinion publique, en fixeroit les décisions , en
conserveroit les maximes ; et qui empêcheroit d'ailleurs d'ajouter, comme faisoient les Romains, quelques désavantages sociaux
à l'infamie qu'elle auroit prononcée ? V. le tit. au ff. *de his qui
notantur infam.*

L'institution dont nous parlons auroit encore cet avantage ,
qu'organe de l'opinion dans la distribution du blâme , le magistrat le seroit aussi dans celle des éloges et des récompenses. Tant
de traits de générosité , de grandeur d'âme , de vertus domestiques , qui sont cachés dans l'ombre , brilleroient au-dehors de
tout leur éclat , et seroient offerts à l'admiration et à l'émulation
de la jeunesse : un livre d'or seroit ouvert , pour transmettre à
la postérité ces exemples utiles , qui serviroient de leçons aux
siècles à venir ; des distinctions sociales seroient attachées aux
belles actions , et l'amour de la vertu auroit pour base l'intérêt ,
qui est le premier mobile du cœur humain, le premier levier des
gouvernemens , etc. Mais je crains bien que toutes ces idées ,
qui ne sont pas neuves , ne soient que de brillantes illusions dans
l'état actuel de nos mœurs.

— Là se termine l'excellent ouvrage de *Poncet*; nous regrettons de ne pouvoir y joindre la consultation de *Brenet, Houin* et *Calignon*, et celle de *Durande.* Avant d'établir des peines contre un crime, avant de prendre des mesures propres à le prévenir, il faut déterminer, autant que possible, les causes qui peuvent le faire commettre. Je sais qu'il est des délits dont les causes varient à l'infini, et qu'alors il faudrait prendre une infinité de précautions qui, par leur grand nombre, deviendraient inutiles: mais je doute qu'il en soit ainsi de l'infanticide. Je n'en puis distinguer que deux : la première, et la plus générale, est la crainte d'une publicité à laquelle s'attache le sceau du déshonneur, la presque certitude de vivre dans un célibat qui ne peut être qu'insupportable à une fille dont la faiblesse dénote les besoins réitérés d'un tempérament irrésistible, et l'importunité d'une preuve vivante qui, déposant sans cesse contre la mère, transforme en opprobre le plus beau privilége de la nature : la seconde ne peut provenir que d'une indigence qui ne permet pas de partager le fruit d'un travail qui fournit à peine à l'existence d'un seul. Encore je ne pense pas que ce dernier motif puisse souvent amener la consommation d'un forfait aussi atroce.

— La veille de la mise en jugement de *Louise,* son conseil fit imprimer la pièce suivante :

« Tout s'arme et semble devoir s'armer contre une femme accusée d'un crime dont l'impunité serait une calamité publique. Sans réfuter tous les *on-dit,* établissons les faits, et réduisons la question à son unique point.

» Le 6 frimaire dernier, *Louise* est accouchée d'un enfant mâle et *mort.* Elle l'a mis dans un sac qui avait renfermé de la braise ; le 14 suivant, elle l'a déposé sur le rempart de Dijon. Elle ignore si elle était à terme ; le 2 frimaire, elle avait fait une chute.

» Le rédacteur de l'acte d'accusation n'arguë de l'*existence* de l'enfant que d'après les *procès-verbaux* rédigés par *Chaisneau.* Le directeur du jury, pour éclairer sa religion, n'a pu s'en rapporter qu'à un homme de l'art ; il a suivi la marche que les jurés se prescriront.

Examinons donc si *Chaisneau* donne à deux rapports improvisés, ce caractère d'infaillibilité qui peut seul conduire à une conviction intime. Je rends hommage aux lumières des jurés ; mais leur scrupuleuse impartialité leur prescrira d'entendre contradictoirement *Chaisneau* et les médecins *Durande* et *Brenet*, et les officiers de santé *Calignon* et *Houin*.

» Dans l'espèce, les vrais jurés sont ceux auxquels la pratique et la théorie d'un art si difficile ont donné cette considération que le public n'accorde, dans une ville éclairée, qu'aux personnages qui, malgré leurs profondes connaissances, professent que le mérite modeste, c'est-à-dire le vrai mérite, sait douter, sur-tout lorsqu'il s'agit de la peine capitale.

» M'érigerais-je en médecin ? me livrerais-je à des dissertations qui me sont étrangères ? Non. Ce n'est ni à mon opinion, ni aux dires de l'accusée, que les jurés s'en rapporteront. Je ne hasarderai point une dissertation qui signalerait l'incompétence de leurs lumières et des miennes ; la loi me donne le droit de m'adjoindre ceux que le tribunal eût pris pour juges, si la marche de l'instruction ne les désignait pour arbitres.

» Si la masse inanimée que *Chaisneau* a prise pour un enfant, a eu vie ; si cette vie lui a été arrachée par des moyens violens, que l'accusée périsse, puisque *seule* elle a eu à gémir à l'aspect du fruit de sa faiblesse !

» Pour donner une physionomie au système de *Chaisneau*, qui n'a pu dire que l'enfant ait été vu vivant, ni qu'on ait entendu les cris qui annoncent la naissauce d'un infortuné, dont l'intempérie de la saison et le défaut de secours affectaient doublement les organes, il fallait bâtir un roman qui servît d'excuse à *l'inexpert expert*.

» Selon *Chaisneau*, l'enfant a été brûlé. *Louise* n'a point employé un moyen qui eût ménagé à la justice celui de faire un grand exemple ; en grillant son enfant, elle eût répandu dans une maison habitée, une odeur forte qui, autant que les cris de la victime, eût frappé des voisins qu'une coupable complaisance ne porterait point à s'associer à sa honte, en gardant un silence qui, dans l'opinion publique, les ferait considérer comme complices.

» Plus un crime est atroce, moins il est présumable. La femme qui se livre à ses passions, n'est souvent que le jouet du sentiment ; l'accusée n'a point perdu avec l'innocence les affections qui la rendent digne du titre de mère ; l'enfant qui doit le jour au violent empire qu'eut sur elle un séducteur, rougira peut-être de sa fécondité ; mais celui qui scrute les consciences, sait que dans les fers, elle ne pense qu'à sa fille, dans un moment où il est permis de ne songer qu'à soi-même.

» Examen fait de l'intégralité de la procédure, il m'est démontré que les lumières d'un chirurgien inconnu, *borgne* et impotent de l'autre œil, ne suffisaient pas pour éclairer les jurés d'accusation.

» Dans l'hypothèse où *Chaisneau* eût rédigé ses procès-verbaux avec la scrupuleuse attention commandée par l'intérêt public et par celui de l'accusée, c'est exclusivement du débat que sortiront les preuves de la non-existence du délit. L'idée seule d'une pareille atrocité est un opprobre pour un sexe qui nous donne l'exemple des vertus domestiques, et qui prouve, même dans un siècle de boue, que le plus beau sanctuaire de la nature est le cœur d'un emère. Dijon, 4 pluviôse X.

« F. N. Dufriche-Foulaines. »

Le 20 floréal an X, parut un *in-8.°* de 19 pages, sur le procès de *Louise* ; il était signé *L. Durantin* : l'auteur y présente avec énergie la défense d'un jurisconsulte, attaqué par le journaliste *Carion* ; ce folliculaire a cru s'en venger, en publiant que cette production était sortie de la plume de *Foulaines* ; c'est une calomnie de plus. La réfutation par *L. Durantin* passe les bornes de la décence, et il est du devoir d'un homme loyal, de signer son vrai nom, lors même que son attaque est fondée.

Voici la lettre de *Foulaines* à *Carion*, rédacteur du Journal de la Côte-d'Or :

« Paris 22 floréal, X.

« J'ai lu avec indignation, monsieur, un imprimé où en m'accablant de complimens, on cherche à me venger, par des *injures non méritées*, d'une critique que je n'ai pas lue, et dont je profiterai pour faire moins mal.

» Si vous attaquiez mon honneur, les tribunaux sont
là. *Louise Pertuy* eût trouvé dans mes collègues,
mon zèle et mon désintéressement, et des talens que je
n'ai pas. Ma cliente doit son salut à son innocence,
à l'impartialité éclairée des quatre magistrats et du jury,
à l'humanité et aux profondes connaissances de MM.
Durande, *Brenet*, *Houin* et *Calignon*.

« Il n'y à point de *L. Durantin, rue Garancière*,
N.° 3 ; il n'existe, N.° 14, rue Haute-Feuille, qu'un
seul imprimeur ; la moralité de M. *Testu* ne peut faire
supposer qu'il ait toléré l'impression d'une diatribe
anonyme ».

Vous avez dit que j'étais prodigue de mots et de néolo-
gismes, que je n'avais pas assez de méthode ; et vous
avez peut-être dit la vérité. Vous eussiez pu ajouter :
Né sensible, il préfère une critique sage à des adulations
inventées par des fripons adroits, pour duper des sots
en crédit ; il a prouvé, dans des tems orageux, qu'il ne
capitulait point avec les principes ; il aime son pays, et
chérit un Gouvernement qui, en nous donnant la paix
extérieure, prêche à tous les Français l'oubli des ré-
criminations.

« F. N. DUFRICHE-FOULAINES.

» (De l'imprimerie de *Dodoucet*, rue S. Benoît,
N.° 21, à Paris). »

Lettre à M. *Pansemont-Laroche*.

« Paris, 10 vendémiaire XIII.

« Je vous repète, monsieur, ce que j'ai eu l'honneur
de vous marquer le 3 floréal X. En m'annonçant votre
projet de coopérer à la rédaction des *causes célèbres* par
M. *Carondeley*, vous daignez me demander mes plaidoyers pour *Louise Pertuy*; je n'avais pas de sténographe.

» M. *Morizot*, président de la cour criminelle, peut
vous communiquer son résumé ; M. le procureur général *Dézé* vous donnera ce qu'il a dit, en qualité d'ac-
cusateur public : vous trouverez, dans le travail de
ces magistrats, tout ce qui peut enrichir le vôtre. Je
n'ai pas un exemplaire de la consultation de MM. *Du-*
rande, *Brenet*, *Houin et Calignon*. M. *Carion*,
rédacteur du Journal de la Côte-d'Or, a rendu

compte des débats, dans son N.º 38, publié le 5 ventôse X. En vous renvoyant à une feuille qui ne me
peint pas couleur de rose, je prouve combien je respecte
ceux qui me corrigent, même en me déchirant. Je ne
veux pas me rappeler cette cause : elle a fait d'impla-
cables ennemis à un avocat qui s'en console en songeant
qu'il a contribué à sauver l'innocence.

» F. N. DUFRICHE-FOULAINES,

» Rue neuve S. Augustin, n.º 738. »

Le numéro 4 qui est sous presse, présentera la cause de la
veuve *Vernier* contre les *Désverneys*, (Plaidans, *Méjan* et
Maturel.

N.º II.

LÉGISLATION MARITIME.

MÉMOIRE ET CONSULTATION POUR
THÉOCARIS.

LE capitaine russe *Théocaris di Giovanni*, commandant la polacre la Madone - Tourliani, se trouvant
à Ancone en 1801, fut forcé, par le général français *Solignac*, commandant dans cette place, de con-
tracter l'engagement avec l'entrepreneur des trans-
ports *Bokh*, de transporter à Tarente un train considérable d'artillerie, consistant en canons, caissons, boulets, etc., et de rompre un contrat de nolis ou fret
qu'il avait passé avec un négociant de la Morée, aux
conditions qu'il lui serait payé, par ces entrepreneurs,
700 piastres d'Espagne avant son départ ; et à la décharge de son navire à Tarente, 350 autres piastres ; ce
qui portait le fret à 1050 piastres, non compris la cupe
ou chapeau du capitaine, qui devait être de 50 piastres.
Dès que le capitaine eut sur son bord tout son charge-
ment, arriva l'ordre supérieur du général *Murat*, commandant en chef l'armée d'Italie, de suspendre le départ de ce navire ; l'officier commandant le parc d'ar-

tillerie fit décharger toute la cargaison, ne laissant à bord que les boulets. Le capitaine se transporta de suite chez le général *Solignac*, pour demander l'entier déchargement de son bâtiment, son paiement et la liberté de partir : le général lui dit qu'il avait des ordres supérieurs pour arrêter son navire et le fréter pour le service de la République, conformément et aux mêmes conditions que celles détaillées dans le contrat de nolis passé avec l'entrepreneur *Bokh*.

Forcé par les circonstances de rester, le capitaine s'adressa au commissaire des relations commerciales de la République, pour obliger *Bokh* de lui payer le prix du premier contrat, afin de pouvoir acquitter ses dépenses et d'être indemnisé du retard, et lui déclara qu'il rendait l'entrepreneur garant de tous frais, dommages et intérêts.

Bokh répondit que cela ne regardait que la République, puisque c'était un ordre supérieur qui avait empêché le départ de son navire et fait décharger la cargaison. Après sept mois de séjour dans le port, depuis la passation du contrat, qui date du 15 octobre 1801, ce capitaine voyant qu'on ne lui donnait aucune destination, et qu'on ne lui payait ni l'arriéré ni son tems, se rendit à Milan, près du général *Murat*, pour réclamer son paiement, et demander qu'on laissât son bâtiment libre.

Arrivé à Milan, et ne trouvant pas le général, qui était à Paris, il se rendit près de lui, sur l'invitation de son état-major, à qui il s'adressa.

Depuis huit mois, il est, dans cette capitale, à la poursuite de son paiement. Enfin, le ministre de la guerre, d'après les notes de l'ambassadeur russe, a décidé de lui payer 10 piastres fortes par jour, depuis le 15 octobre 1801, jusqu'au jour de la signature du rapport, ce qui ne lui donne que 300 piastres par mois ; et comme ce paiement est loin de suffire pour indemniser ce capitaine de ses avances et du tems qu'il a perdu, il est dans l'intention de réclamer de nouveau la justice du ministre, par l'entremise de son ambassadeur, afin d'obtenir l'indemnité à laquelle il a droit de prétendre, en vertu des lois françaises.

Ce capitaine observe qu'il est accordé une indemnité double, pour les jours de planche qui excèdent les délais convenus ; qu'il devrait en conséquence avoir 3o piastres par jour, au lieu de 10 qui lui ont été données, ce qui ferait 900 par mois ; que cette somme de 900 piastres serait au-dessous même de ce qui lui était accordé par ses traités, puisque, pour passer d'Ancone à Tarente, voyage de 15 jours, il en avait 1050, non compris 50 pour le chapeau du capitaine ; que l'indemnité qu'on lui donne suffit à peine pour payer et alimenter son équipage, composé de 3o hommes ; que la République ayant contracté avec lui aux mêmes conditions que l'entrepreneur, il avait droit d'attendre au moins 1,000 piastres par mois ; que son bâtiment, de 35o tonneaux, a plus dépéri dans le port, que s'il eût tenu la mer, puisqu'il lui faut, dans le moment actuel, au moins 2,500 piastres pour se réparer, et 1,200 pour acheter de nouveaux câbles, d'après l'estimation des commissaires français et russes. Tout bâtiment frété doit attendre des bénéfices, et il y comptait pour caréner son navire et reprendre la mer. Ce n'est donc que l'exécution des lois et clauses du contrat fait avec lui, qu'il réclame ; et il se croit fondé à demander 3o piastres par jour, au lieu de 15 que le ministre lui accorde par son arrêté.

Les Jurisconsultes soussignés, qui ont lu le mémoire de *Théocaris* et les pièces y jointes, estiment qu'il est nécessaire de remonter aux principes du droit des gens, et de résoudre les questions qu'il présente, d'après les règles générales que prescrivent ces principes.

Le droit d'arrêter un vaisseau, avant 1753, prenait sa source dans cette prérogative de la puissance suprême, appelée *angarie* : dans ce cas, le capitaine avait le droit de se pourvoir en indemnité (*Leg.* 4, § 1, *Dig. de veteranis. Leg.* 18, § 24. *Leg. ult.* § 22 *et* 23, *Dig. selden stypmanne*) ; l'équité voulant que le navire ne fût point forcé de faire plus d'un voyage. (*Louenius, ch.* 7, § 11.) Cet arrêt, appelé par les publicistes *arrêt de prince,* fut reconnu si préjudiciable, que dans tous les traités qui ont été faits entre les puissances, subséquemment au traité de 1753, conclu entre le roi de Naples et la Hollande, qui leur a servi de modèle, les souverains sont convenus que *les navires, les équipages et les marchandises chargées, ne pourraient plus être arrêtés, en vertu d'aucun ordre général ou particu-*

lier, pour quelque motif que ce fût. Mably, *D. public de l'Europe.* Cette stipulation se trouve positivement dans le traité conclu entre la France et la Russie,
en 1787 ; traité auquel il n'a pas été dérogé. Il y est dit :
« Les navires de l'une des hautes parties contractantes,
ne pourront, sous aucun prétexte, être contraints, en
temps de paix, guerre, de servir dans les flottes ou es-
cadres de l'autre, ni de se charger d'aucun transport. »

Or, comme nos lois nouvelles n'entendent point déro-
ger à ces conventions, puisque la loi du 21 septembre 1793,
celle du 4 germinal 2, la loi du 3 nivôse 3, veulent que
les traités soient respectés ; il suit de là que l'art. du
traité précité est maintenu dans toute sa force, et que si
le général français a contraint *Théocaris* de contrac-
ter avec *Bokh,* c'est que des circonstances impérieuses
l'ont forcé à tenir lui-même cette conduite. Mais si, lors
du temps que *l'angarie et l'arrêt de prince* étaient
reconnus, par tous les gouvernemens, pour légitimes,
le gouvernement qui arrêtait un vaisseau devait de
justes indemnités au capitaine, que sera-ce lorsqu'un
gouvernement fera un pareil arrêt, dans le temps qu'il
est formellement reconnu pour illégitime, ou tout au
moins pour préjudiciable ? Dans cette circonstance, il
doit des indemnités au capitaine qui a été arrêté pour
son service. Voilà les principes ; voyons quelles en doivent être les conséquences.

Lorsqu'un capitaine frète son bâtiment à un particulier, il convient de tant de jours de planche ; au défaut
de la convention, l'usage prononce, et tout le temps qui
s'écoule au-dessus de celui fixé par l'usage ou la convention, est appelé *sur-starie,* laquelle se paie aussi suivant l'usage de la place : mais la rétention continuée du
navire dont il est ici question, n'est point une *sur-
starie,* c'est une continuation de *l'arrêt de prince ;*
donc le capitaine ne peut point arguer de la *sur-starie.*

Comme aussi le capitaine russe n'est point fondé à
alléguer la détérioration de son navire, par la raison
que, dans le prix de son fret, il trouve celui de son
usage. Ce n'est donc point dans la *sur-starie,* ni dans
la détérioration de son vaisseau, qu'il doit trouver le
prix de sa rétention, mais dans le fret qu'il aurait
pu gagner si son vaisseau n'eût point été retenu.

Reste donc à décider comment ce fret doit être payé, et quelles sont les considérations qui en doivent déterminer le prix.

Si le capitaine eût pu faire un voyage d'Ancone à Tarente dans 15 jours, il est clair que dans 16 mois il en aurait pu faire 32 ; mais comme l'usage est que le capitaine accorde au petit cabotage 3 jours de planche pour la charge, et 3 pour la décharge (N.º 5. sur l'article 21 des jugemens d'Oléron), reste donc pour 10 mois francs, qui, suivant la teneur du premier contrat, qui doit être la base de ce calcul, font, à 1,050 piastres pour 15 jours, ou 2,100 piastres par mois, 21,000 piastres pour 10 mois ; à quoi il faut ajouter le chapeau, qui pourra aller à 5 p. 0/0. Total 22,050 piastres.

Théocaris n'a reçu du ministre que 25,410 francs. On ne pense pas que l'on ait pu prendre pour base de cette indemnité, les dispositions de l'art. 6 du traité fait entre *Bokh* et lui, parce qu'il ne s'agit, dans cet article, que de la somme qu'il avait droit d'exiger, dans le cas où l'on aurait excédé le nombre de jours de planche accordé par le contrat pour la décharge de son bâtiment, et non du prix fixé pour son fret, par les art. 1 et 2 du même contrat. Les observations faites dans les articles précédens, conservent donc toute leur force, et les 25,410 francs accordés par le ministre, ne peuvent être regardés que comme un provisoire.

La réclamation du capitaine est fondée ; le gouvernement y fera droit : cette affaire étant purement administrative, il faut qu'il s'adresse au Ministre ou au Conseil d'État.

Délibéré à Paris, le 25 ventôse XI.

BOUCHER, F. N. DUFRICHE-FOULAINES, THIESSÉ, LINDET, BRUGUIÈRE (*du Gard*).

Remis par le secrétaire archiviste de l'Académie de Législation, Paris, 26 ventôse XI. GISORS.

De l'imprimerie de F. N. Cramer, *rue des Bons Enfans, n.º* 12.

N.º III.

QUESTION D'ÉTAT.

MÉMOIRE (1) *pour les Poulardes de la Flèche, contre les Volailles du Mans.*

La gloire est tout ; elle est l'idole des grands cœurs, l'ame des grandes entreprises. C'est la gloire qui soutient le guerrier dans les périls, le magistrat dans ses pénibles fonctions, le savant dans ses veilles, l'artiste dans ses travaux, et le vrai poulardier au milieu des soins multipliés de sa basse-cour. La gloire est préférée à tout, à la vie même, et *Cicéron* la peint en excellent connaisseur, lorsqu'il dit dans *Rome sauvée :*

Des travaux des humains c'est le digne salaire.

Mais plus on aime la véritable gloire, plus on doit s'indigner contre la fausse ; plus on doit voir en pitié une foule d'écumeurs de réputations usurpées......

Que d'écumeurs ! combien de geais parés des plumes du paon ! combien d'individus, de villes, d'empires, s'approprient un honneur qui ne leur a rien coûté, se glorifient du mérite d'autrui, s'engraissent insolemment des fruits d'une industrie étrangère.....

. Toutes ces usurpations portent avec elles un caractère odieux. Je les condamne toutes ; mais comme je me pique de justice, je sais distinguer les nuances et mesurer mon aversion à l'importance des objets.

Je ne fais que rire de cet écrivain pillard, qui, après avoir laborieusement compilé les idées, les tours, les expressions des auteurs estimés, en forme un tout qu'il appelle ses *œuvres*, et qui n'est à lui que par le mauvais goût de l'ensemble de tant de matières hétérogènes.

Je ne fais que rire de ces bavards en titre, appelés

---

(1) La première édition se vend à l'imprimerie des Sciences et Arts, rue Vantadour, n.º 474, (ventôse an IX) ; la seconde se trouve chez *Fauvelle*, imprimeur, au palais de justice, (Paris, floréal an IX).

voyageurs , toujours intarissables en descriptions de lieux et de choses qu'ils n'ont pas vus , en aventures singulières qu'ils n'ont pas eues , en prouesses qui sont d'autrui ; toujours volant avec effraction leur pauvre tête pour y trouver de quoi exagérer leurs récits et leurrer l'avide curiosité.

Avec quel sourire de pitié , ou quel mouvement d'épaules , j'accueille ces *Adonis* recrépis à neuf , qui , à peine écoutés des Laïs du commun , devant lesquelles ils ont rampé , prétendent avoir attaché à leur char de triomphe les *Vénus* du temps , avoir tourné toutes les têtes , avoir mis à fin les conquêtes les plus brillantes , et s'être signalés par une multitude d'aventures chevaleresques !

Je ne trouve encore qu'insipide et ridicule ce *Sosie* à barbe torse , ce *Thersite* qui vient trancher de l'*Achille* dans nos cercles. Ecoutez-le ; c'est lui qui a culbuté tel ou tel bataillon qu'il nomme ; qui a traversé , le premier, ce fleuve sur la croupe de l'ennemi en déroute , comme *Arion* sur son dauphin ; qui a donné ce conseil qui sauva l'armée tel jour ; qui enleva ce drapeau à l'ennemi, sauva ses camarades, remporta telle et telle victoire. Il oublie presque nos braves , pour s'attribuer ce qu'il aura entendu dire au quartier de réserve ou à l'arrière-garde.

Que dire encore de ces gens à la mode, de ces grands hommes d'occasion , de ces génies de hasard, de ces soi-disant savans ou beaux-esprits , pères putatifs d'ouvrages qu'ils n'ont pas même lus ; de ces poètes *caméléons* qui poursuivent les douairières de leurs bouts-rimés , etc......?

Toutes ces pauvres gens trompent le public toujours crédule ; ils s'attribuent ce qui ne leur appartient pas : ce sont autant d'usurpateurs de la gloire d'autrui ; et sans doute cette conduite blesse la justice et l'honnêteté publique. Cependant, à toute force, on peut les excuser en considération du tribut qu'ils payent à nos menus plaisirs.

Mais une usurpation criante, une usurpation qui me remue jusqu'au fond de l'ame et fait bouillonner ma colère, une usurpation qui doit allumer l'indignation publique, une usurpation que je dénonce à la France entière, une usurpation que je voudrais dénoncer à l'univers

avec cent voix de tonnerre, c'est celle.... le dirai-je?....
c'est celle des poulaillers du Mans.....

Et moi aussi, entraîné par l'ignorance, j'ai consacré
cette usurpation ; j'ai entendu appeler, j'ai appelé moi-
même, sans frémir , *poulardes du Mans* , au lieu de
poulardes de la Flèche , ces poulardes succulentes
qui châtouillent si bien les palais délicats, et restaurent
avec tant de délices l'estomac des dignitaires.....Quelle
a été mon erreur funeste! quelle a été celle de tout
Paris, de toute la France, peut-être de toute la terre,
qui a vieilli dans l'habitude de ne fêter que *les poulardes du Mans!* C'était ainsi, industrieux habitans de
la Flèche, qu'après avoir donné toujours de si tendres
soins à l'éducation de vos poulardes , vous voyiez
votre gloire usurpée par la ville *du Mans !* c'était
ainsi que la ville du Mans osait s'enorgueillir, depuis des siècles, du titre et des honneurs de mère-
nourricière, qui vous appartenaient..... *Sic vos non
vobis*.....

Mais le voile est déchiré; l'heure de la justice , des
lumières et des dîners policés est sonnée. Voici le vrai
temps de venger la ville de *la Flèche* de l'erreur cruelle
dont elle a été si long-temps la victime, et d'arracher
enfin à la ville *du Mans*, le titre glorieux de patrie
des vraies poulardes.

On ne peut procéder avec trop d'ordre dans une
matière si grave ; voici donc ma division :

J'exposerai les faits; je déduirai les moyens de droit ;
je les appuierai de *pièces* probantes ; j'esquisserai même
un projet de requête ;

Je demanderai ensuite QUID JURIS aux jurisconsultes
que je crois très-versés dans cette partie.

O LUCULLUS! ô docte APICIUS! ô fins disséqueurs des
volailles d'Athènes et de Rome, que ne vivez-vous
encore pour juger , au simple fumet, de la bonté de
ma cause! avec quelle habileté vous analyseriez *exactâ
tenui ratione saporum*!.... J'entre en matière.

QUELLE oreille instruite n'a pas été flattée à l'annonce
d'une poularde du Mans? quel odorat bien organisé ne
s'est pas épanoui à son doux parfum? quel estomac,
d'un rang un peu distingué dans la sphère des sensa-
tions, n'a pas tressailli à l'approche d'une poularde du
Mans ?

A peine paraît-elle noblement étalée sur son lit de cresson , que je vois tous les convives comme tombés en extase , tous les yeux amoureusement fixés sur elle , tous les estomacs avertis des jouissances qu'elle leur destine. Et en effet..... tendre, douce, rebondie, d'un teint qui captive ses amans, elle rappelle toute la vivacité de l'appétit. Bientôt une ambroisie s'échappe sous le tranchant de l'adroit dépeceur ; une eau abondante accourt sur les lèvres pour arroser le passage d'une aile dorée, pour en multiplier le plaisir. Comme on se plaît à presser entre ses lèvres heureuses, des doigts imbibés du jus le plus exquis ! comme on aime à les imbiber encore , à renouveler , à perpétuer, s'il se peut, tant de volupté ! Non, rien n'approche de pareilles délices.

On conçoit qu'il est glorieux de pouvoir se dire l'auteur, le nourricier de bipèdes qui ont bien mérité en tous temps des convives sensibles.

Aussi les habitans du Mans , dès les premiers momens de la fondation de leur ville, n'imaginèrent - ils rien de plus propre à en porter la réputation d'un pôle à l'autre , et d'âge en âge, jusqu'aux derniers cheveux blancs du monde, que de se dire les compatriotes des poulardes. C'est ce que Jules - César dit positivement dans ses Commentaires, livre 83, chapitre 311 *de rebus Cenomannorum*, ainsi que l'empereur Julien, chap. 601 du livre 150 de son *Mysopogon*.

Cela leur réussit si bien, qu'ils devinrent célèbres dans tout l'hémisphère , et que leur ville en acquit une illustration et une prospérité qu'elle conserve encore aujourd'hui. Quelques antiquaires, entre autres *Stigonius*, prétendent même que LE MANS avait pris, du temps de l'empereur *Caracalla*, le nom de *Galtinopolis*, par un juste sentiment de gratitude envers les poulardes. C'est dommage que d'habiles critiques aient démenti ce fait.

Le vrai talent est toujours modeste : il fuit l'éclat et la dispute ; il imite l'humble violette qui se cache sous l'herbe parasite, ou l'abeille qui travaille avec activité sans s'inquiéter des larcins du lâche et pesant frelon.

La modestie forme en particulier le caractère dominant des bons et habiles poulardiers de la Flèche. Plus de six cents ans s'écoulèrent depuis , sans qu'ils atta-

quassent la réputation usurpée de la ville du Mans. Ils
ne faisaient que rire, d'un gros rire, lorsqu'ils voyaient
leurs poulardes réjouir la bonne Lutèce, sous le nom
de poulardes du Mans.

Cependant l'intérêt de leur ville leur fit faire ensuite quelques efforts pour recouvrer leur gloire ravie
avec tant d'impudeur. On voit, par quelques lambeaux
pourris de leur chartrier, 1.º qu'en 658 ils obtinrent
de *Gontran*, roi d'Orléans, un édit solennel qui leur
attribuait le droit de nourrir, vendre et débiter des
poulardes, à l'exclusion de la ville du Mans, qui était
restreinte au débit des vieilles poules, des vieux coqs
et d'autres volailles à bouillir ; 2.º qu'en 801, l'empereur *Charlemagne* leur donna une patente de jurés
poulardiers exclusifs de sa cour et de ses maisons de
plaisance ; 3.º qu'en 920, 980, 1029 et 1102, la question fut solennellement jugée, d'abord par un combat
en champ clos, et à outrance, entre trois poulardiers
de chaque côté, en présence de toute la cour, ensuite
par l'épreuve du fer chaud, puis par celle de l'eau
froide, de l'eau bouillante, et par le jugement admirable de la croix (1) ; 4.º enfin, que le roi *Henri* IV
ne voulait reconnaître et savourer d'autres poulardes
que celles fournies par les poulardiers de la Flèche, et
que c'est même en considération de leurs poulardes qu'il

-----

(1) On connaît toutes ces excellentes formes judiciaires du
moyen âge de la France. C'étaient autant de secrets infaillibles pour
découvrir le point de droit, la vérité du fait, même la volonté
de Dieu, comme on le voit en vingt endroits des *Capitulaires* des
rois francs, dans les Formules de *Marculfe*, dans les profonds
commentateurs *Bignon*, *Sirmon* et *Baluze*, dans la Diplomatique
de *Mabillon*, pages 42, 990....

Mais le jugement de la croix, *judicium crucis*, qui subsista
jusqu'à S. *Louis*, était sur-tout un prodige de bon sens.
Voici ce qui se pratiquait, suivant les plus graves érudits : les
deux avocats paraissaient devant le juge, qui était ordinairement
un clerc ou ecclésiastique ; ils prenaient leurs conclusions ; l'instruction commençait ensuite. Elle consistait à faire lever les bras
en l'air aux deux avocats, et celui qui les laissait tomber le
premier, perdait son procès sans difficulté....

Hommes, vous n'étiez guère alors au-dessus des poulardes !..
Les bonnes coutumes se perdent difficilement ; il nous reste
des vestiges de cette instruction *cruciale*. De là viennent ces
énormes contorsions, ces immenses gestes, ces espèces de cru-
cifiemens des défenseurs *officieux* de notre barreau moderne......

honora leur ville d'un collége , comme il appert par les lettres d'érection.

L'opiniâtreté des usurpateurs , soutenue des erreurs et des caprices de l'opinion publique , a été plus forte que tous ces titres. Les révolutions ont depuis ébranlé le monde ; les empires ont changé de maîtres ou secoué le joug ; un mouvement rapide et terrible est venu mettre chaque homme , chaque chose, chaque réputation à sa place, et (le croira-t-on ?) les poulardes s'appellent encore poulardes du Mans !....

A la fin , la ville de la Flèche se réveille de son indifférence léthargique ; elle sent tout le prix de la renommée ; et justement indignée contre des voisins qui persévèrent à lui ravir les hommages des banquets les plus splendides , elle veut reconquérir une gloire qui lui est propre. Heureuses poulardes , la reconnaissance de vos adorateurs va retourner à vos vrais nourriciers ! On saura , on n'oubliera plus que vous naissez , que vous croissez, que vous vous embellissez à la Flèche , sur les bords enchantés du Loir , et non sur ceux de la Sarthe jalouse.....

Oui , c'est à la Flèche, à la Flèche seule que naissent les vraies poulardes.

C'est à la Flèche que l'on possède , de temps immémorial , le grand art, la science unique d'éduquer ces intéressantes créatures.

C'est de la Flèche que partent , par milliers , ces êtres arrondis, onctueux et potelés, qui vont orner , égayer , enchanter les festins du monde.

La ville du Mans osera-t-elle nier ces faits ? osera-t-elle ici parler de quelques médiocres imitateurs , qui ont aussi voulu élever des poulardes dans ses environs ? Ce serait en vain ; jamais aucun n'est parvenu à cette belle et juteuse carnation que présentent les élèves de la Flèche.

Ouvrez-vous , habitations rustiques des plaines de la Flèche , cabanes où le chaume couvre l'industrie et le talent, vastes enceintes où les poulardes naissent et se multiplient comme les feuilles des forêts ; montrez à l'univers cette activité, ces soins, cette attention, cette tendre sollicitude avec laquelle vos bons habitans nous préparent une source inépuisable de plaisirs.

Voyons-les choisir, au milieu d'une troupe de mères ,

celles qui, comme les plus fécondes et les plus ardentes à réchauffer leurs œufs, paraissent les plus dignes de donner le mouvement et la vie à une matière informe.

Déjà l'enceinte d'albâtre qui contenait le germe d'un être susceptible d'organisation, a perdu de sa blancheur naturelle ; déjà un bec animé a rompu sa prison diaphane pour mieux jouir de la lumière. Une tête agile dégage le reste du corps par ses efforts réitérés. Bientôt un nouveau-né s'élance d'une course légère ; bientôt une famille nombreuse est éclose, peuple l'habitation, entoure la mère, l'appelle à cris redoublés, disparaît sous ses ailes, et reparaît tour-à-tour..... Heureux campagnard, tu souris à ce spectacle innocent !

C'est alors que l'éducation commence et se continue avec des précautions recherchées : c'est alors que les grains couvrent la terre, que la nouvelle famille se hâte de becqueter autour des pattes toujours agissantes de la mère, qu'elle grandit, que son plumage croît et s'embellit........

L'habile nourricier saisit ce moment, pour choisir, dans la famille, les enfans qui doivent faire l'honneur de leur patrie, et parvenir à une haute prospérité, ceux dont le bon la Fontaine a dit :

> Il devait, ce jour même, être d'un grand festin,
> Fort à l'aise en un plat.

C'est à ces enfans de prédilection que notre homme consacre tous ses momens.

D'un côté, il les voue au célibat avec un art qui suffirait seul pour l'élever au rang de nos académiciens.

De l'autre, il a soin qu'ils coulent leur carrière dans un festin continuel. Les mets se succèdent ; l'estomac complaisant de ces dignes élus reçoit et digère tout avec une étonnante activité. De là naît cet embonpoint fleuri, qui rend si rapidement aux convives tout le piquant de l'appétit ; de là le maintien majestueux de ces poulardes toujours cloîtrées, cet air de dignité enfin que vous admirez à travers le simple grillage de leur réduit.....

Voilà l'historique de la cause : il prouve déjà, *jusqu'à la démonstration*, la solidité de la réclamation des poulardiers de la Flèche ; mais chargé de l'ho-

norable fonction de les défendre, je ne dois rien né-
gliger.

Il faut se prescrire des bornes en toute matière ,
quelle qu'en soit l'importance. Je ne remonterai point
jusqu'à ces époques un peu reculées où le *tien* et le
mien étaient inconnus dans le monde. Il est vraisem-
blable qu'avant la formation des sociétés politiques ,
lorsque les hommes vivaient épars dans les forêts ,
comme les sangliers, on mangeait peu de bonnes poulardes. Les voyageurs qui ont pénétré chez les Esqui-
maux ou chez les Illinois, ne nous disent pas que ce
soit là leur mets ordinaire. J'ai d'ailleurs parcouru les
savantes dissertations de *J. J. Rousseau* sur les anciens temps, sans y trouver un mot de l'intéressante
histoire des poulardes (1).

Je m'arrête donc à ce temps voisin de nous, à ce temps
d'hier, où les hommes se rassemblent en familles, les
familles en corps de peuples, les peuples en empires
indépendans les uns des autres. Je vois ces sociétés tra-
vailler à leur organisation intérieure ; sanctionner la loi
fondamentale, que chacun possédera en paix sa tête,
sa liberté, son honneur s'il en a , son champ, son industrie, le produit de son travail , en particulier sa
réputation s'il en a mérité une ; établir contre les réfrac-
taires, des amendes, des tortures, des gibets ; créer des
préjugés, des archers, des bourreaux ; pourvoir, en un
mot, de toute manière, à l'inviolabilité des personnes
et des propriétés de toute espèce.

Ces lois primitives ont été ratifiées, approuvées, confirmées de siècle en siècle, malgré les bouleversemens
du globe et des empires. Si j'ouvre en effet l'histoire,
la loi salique, les capitulaires, les établissemens de
S. Louis, les ordonnances, les coutumes, le droit
romain, les auteurs, les commentateurs, compilateurs,
annotateurs, abréviateurs, arrêtistes..... Non, je ne les
ouvrirai point ; la loi primitive me suffit, et je dis aux
poulaillers du Mans : « Les potentats, leurs ministres,
leurs mignons, leurs maîtresses, les grands et les riches

---

(1) Cependant *Pline,* lib. 34 , cap. 2, t. 2 ; *Cicéron*, Orat. pro
Rosc. Amær. cap. 46, t. 4, pag. 91, disent que les Déliens avaient
trouvé le secret d'engraisser les volailles , *et qu'ils tiraient de leur
industrie un profit considérable.*

de toute classe, les gloutons de toute couleur, avalent à longs traits l'odeur suave et le jus des poulardes cuites à point. On leur dit que ees volailles précieuses sont originaires *du Mans* : ils le croient, et bénissent, mille fois le jour, le pays privilégié qui les a vues naître, et l'industrie plus qu'humaine qui leur a donné une éducation si parfaite. Tout retentit, d'un bout de l'univers à l'autre, des louanges de la ville *du Mans*, tandis que la ville de *la Flèche* est oubliée, tandis que son nom est à peine prononcé hors de son territoire. Parlez, orgueilleux poulaillers *du Mans*, qu'avez-vous fait pour mériter d'être ainsi connus, honorés, encensés par toute la terre ? Est-ce vous qui avez jamais pu fournir de votre cru une poularde digne de ce nom illustre ? Grossiers imitateurs des ouvrages de génie de vos voisins, vous avez multiplié les essais ; mais à peine êtes-vous parvenus, en vingt siècles, à produire quelques poulets coriaces. C'est la ville de *la Flèche* qui, semblable à *Prométhée* ou à *Pygmalion*, trouva, posséda jusqu'à nos jours, le secret profond et presque divin, de tirer d'un œuf *lédien* cette volatille admirable faite pour la table des Dieux du monde, et peut-être supérieure à l'ambroisie ».

Cela posé, voici comme j'argumente :

« 1.º Vous avez indignement trompé l'univers : il faut donc que l'univers soit instruit de votre odieux charlatanisme ; que vous en fassiez l'aveu solennel, et que la Renommée aux cent porte-voix, le publie, le tout à vos frais et dépens ; 2.º la réputation est une propriété sacrée, plus sacrée que toute autre, puisqu'elle est le produit du talent et de l'industrie, ou que du moins elle les suppose. Quiconque ose usurper celle d'autrui, est un fat et un fourbe qu'il faut châtier sévèrement. Ainsi le veulent le pacte social et l'ordre public, et le principe salutaire de l'encouragement de l'industrie. Or, poulaillers *du Mans*, vous avez ravi depuis des siècles, à la ville de *la Flèche*, les honneurs de la maternité des vraies poulardes ; vous en devez donc la restitution ; vous devez plus, subir une punition qui fasse trembler à l'avenir ceux qui seraient tentés de vous imiter ; 3.º l'intérêt pécuniaire de la ville de *la Flèche* a souffert de cruelles atteintes ; c'est par l'effet de votre supercherie, que la ville de *la*

Flèche s'est vue privée de l'avantage inestimable de voir arriver dans son sein, chaque année, les pour-voyeurs des puissances, et de leur expédier en droiture des milliers de poulardes; c'est par votre fait que son commerce a été rétréci, obscur et en sous-ordre. Ces torts sont incalculables; mais il est beau d'être désinté-ressé, et la ville de *la Flèche* se contentera, pour indemnité, de quelques centaines de bariques d'eau-de-vie d'Orléans, bonne, loyale et marchande, que les poulaillers appellent vulgairement *rogome* ».

Ce langage n'est-il pas sans réplique? Jamais droit fut-il plus évident? Les poulaillers *du Mans* exigent-ils encore d'autres détails? qu'ils lisent, et qu'ils trem-blent.

Il n'est que trop commun au barreau de faire un long et superbe étalage de faits qu'aucune preuve ne vient appuyer; il est trop commun d'y voir des orateurs indiscrets déployer toute la richesse de leur éloquence et de leur imagination dans des tableaux brillans, qui flattent l'esprit, mais qui ne disent rien à la raison; il est trop commun d'y nager dans le vague, perché sur des raisonnemens pompeux, comme sur autant de ves-sies qu'un coup d'épingle fait disparaître. C'est là le partage ordinaire de ceux qui, bien persuadés de la faiblesse de leur cause, cherchent à la pallier par la magie du discours.

Les poulardiers de *la Flèche* ne veulent point d'une pareille ressource, et c'est à eux que *Voltaire* a fait allusion dans ce beau vers de *Zaïre :*

L'art n'est pas fait pour toi ; tu n'en as pas besoin....

J'ai exposé des faits et des moyens capables de con-vaincre les esprits les plus rébarbatifs ; mais veut-on des preuves plus frappantes encore, des argumens plus robustes, en un mot, des *pièces* matérielles, positives, authentiques, irréfragables ?..... Les voici :

« Au nom des poulardiers de *la Flèche ,* en vertu de leurs pouvoirs *ad hoc,* je demande acte de l'offre que je fais de déposer sur le bureau, en présence des juges, cinquante poulardes de leur cru. Je demande que les poulaillers *du Mans* soient tenus de déposer, de leur part, cinquante autres poulardes, qu'ils justifieront avoir prises dans leurs basses-cours, tant par actes de

naissance dûment légalisés, que par certificats de vie
et de résidence en bonne forme. Je demande que , dans
le cas où la religion des juges ne serait pas suffisamment
éclairée par la simple inspection des susdites poulardes,
il soit procédé par experts, sur-le-champ, et sans dé-
semparer, à la coction, dissection et dégustation d'icelles,
pour, après, être requis et ordonné ce que de raison. Le
tout néanmoins à la charge que, de part ni d'autre, il
ne sera mis furtivement aucune autre *pièce* dans la
balance de la justice, de crainte qu'elle ne cesse d'être
égale ; sauf aux parties, si elles le jugent convenable ,
à en insérer dans les dossiers de leurs avocats, pour les
empêcher de s'égarer ».

Ce sont-là, sans doute, des conclusions précises ;
c'est là une épreuve judiciaire qui aura le mérite d'être
unique en son genre, puisque l'usage du congrès entre
mari et femme s'est malheureusement perdu en France ;
c'est là, enfin un moyen infaillible de tirer la vérité du
fond de son puits, de rassurer la conscience des juges,
de confondre l'insolente vanité des poulaillers manceaux ,
de rendre aux vertueux et intelligens poulardiers de *la
Flèche ,* une gloire et une illustration que l'on n'eût
jamais dû leur enlever.

Mais une inquiétude vient me saisir ; je crains que
cette cause, qui tient de fort près à l'honneur national
et à l'ordre politique, n'excède la compétence des tribunaux. C'est le motif de ce qui suit :

Si la ville de *la Flèche* ne peut obtenir satisfaction
en justice réglée, s'il n'est pas du domaine des tribunaux de décider, par un jugement solennel, que le
sang qui circule dans les veines des véritables poulardes,
vient *en droite ligne* de *la Flèche ,* du moins le Gouvernement *est là* pour prononcer sur une question si
importante. Le défenseur prendra la liberté de mettre
aux pieds du Ministre de la police générale, ou de son
collègue ayant le département de l'intérieur, la très-
douce et très-gracieuse supplique dont la teneur suit :

« Citoyen Ministre, supplient humblement les poulardiers de *la Flèche ,* et vous demandent de porter
vos regards sur l'éducation soignée qu'ils donnent à
leurs poulardes. Depuis trop long-temps les poulaillers
du Mans se sont approprié la gloire que ces êtres suc-
culens ne sauraient manquer d'acquérir à leurs éduca-

teurs. Les actions éclatantes des héros qui ont illustré les siècles précédens sont passées, éclipsées, endormies dans l'histoire qu'on ne lit plus ; *unius ætatis sunt quæ fortiter fiunt ; quæ verò pro utilitate gulæ ac culinæ naviter fiunt, æterna sunt*, comme dit *Végèce*. Les meilleurs ouvrages passent ou deviennent la proie des vers et des épiciers ; les fruits les plus industrieux du génie de l'homme passent ; le piquant de la mode et des goûts passe, s'éteint, se perd dans les tourbillons de la bizarrerie humaine ; les rois et les poulaillers, les empires et les feuilles des arbres, les palais et les nids d'hirondelles passent ; en jetant les yeux autour de soi, on voit, hélas ! que tout passe..... Mais les poulardes restent. Graces à la sollicitude des supplians, une succession non interrompue de ces grasses volatilles a jusqu'à présent honoré, égayé, décoré, embelli, parfumé, animé, vivifié les banquets les plus recherchés : jamais les poulardes n'ont été ni oubliées, ni en défaut. Un objet si essentiel, et qui captive chaque jour de plus en plus l'universalité des goûts, ne manquera donc pas de mériter et d'obtenir votre suffrage. D'ailleurs tout ce qui existe d'illustre, de friand et de recommandable dans tous les états, dans toutes les autorités politiques, civiles et militaires, aime à se ranger autour des enfans des supplians, pour leur rendre hommage..... Vous-même, citoyen Ministre, malgré vos sublimes occupations, vous n'êtes pas sans doute insensible à la vue, au parfum, au goût délicat, à la trituration de ces aimables victimes de l'appétit..... POURQUOI, et vu les cinquante poulardes ci-jointes, qui seront déposées ès mains de votre intendant des menus, pour servir de pièces de conviction de l'industrie distinguée des supplians, il vous plaira leur accorder LE BREVET d'invention que leur susdite industrie leur a mérité depuis long-temps ; ordonnner qu'à l'avenir les bonnes poulardes seront dites et qualifiées *poulardes de la Flèche;* faire très-expresses inhibitions et défenses aux poulaillers *du Mans,* grossiers imitateurs de leur art, et larrons de leur gloire, de contrefaire leur marchandise et de tromper le public, à peine, pour chaque contravention, de mille mesures de graine propre à engraisser la volaille ; consentant, au surplus, que, si votre sagesse le trouve à propos, et avant faire droit sur la

présente, leurs misérables rivaux soient admis à déposer, de leur côté, un pareil nombre de poulardes
(mais pas plus), à l'effet d'en offrir la comparaison
avec celles des supplians : et vous ferez justice aux très-
respectueux et très-dévoués artistes, *les poulardiers
de la Flèche* ».

Le Ministre des relations extérieures sera ensuite
supplié de transmettre officiellement ledit brevet d'invention à toutes les puissances, pour être imprimé,
affiché dans toutes les salles de festin de l'univers.

Les poulardiers de *la Flèche* sont intimement convaincus de la justice de leur réclamation, comme de
l'excellence de leurs poulardes ; mais ils ont besoin de
s'entourer de lumières. Ils soumettent donc à la sagesse
des premiers jurisconsultes de la capitale, les trois
questions suivantes :

1.º Ont-ils action en justice contre les poulaillers *du
Mans* ?

2.º Peut-on leur opposer une prescription ?

3.º De quelle manière, dans tous les cas, peuvent-
ils arrêter et prévenir le dommage ?

BRUGUIÈRE (du Gard.), *fondé de pouvoirs.*

Les Jurisconsultes soussignés, qui ont lu le mémoire ci-dessus, prennent la résolution suivante :

On a toujours action lorsqu'on a un intérêt légitime
et suffisant à stipuler en justice. C'est cet intérêt qui est
la source des actions, comme il en est la mesure.

Or, les consultans ont-ils en leur faveur cette cause
première, le principe nécessaire de toute demande judiciaire ? On ne le croit pas.

Il est vrai qu'on ne peut leur contester, sinon un
intérêt d'honneur, du moins un certain intérêt pécuniaire. Si leurs poulardes avaient une supériorité déci-
dée et notoire sur celles *du Mans*, leur commerce
pourrait s'en accroître. Ceux qui approvisionnent les
marchés ou les maisons, pourraient aller faire leurs
achats à *la Flèche* plutôt qu'ailleurs. Il est possible
même de leur trouver de l'intérêt sous quelques autres
rapports.

Mais ce n'est point là un motif suffisant pour appeler à
une lutte judiciaire les poulaillers *du Mans*. On ne peut
rien reprocher à ceux-ci. Ils ne se sont attribué, ni par

la voie des journaux, ni d'aucune autre manière, le titre de seuls poulaillers de France, ou de seuls habiles poulaillers. Ce n'est point par leur fait que les poulardes sont appelées *poulardes du Mans* : cette dénomination, et cent autres qui se donnent aux eaux-de-vie, aux vins, à divers autres objets de commerce, ne sont point interprétées à la rigueur. On ne peut d'ailleurs les attribuer qu'à l'opinion publique, à laquelle on ne peut faire le procès.

Ainsi on ne voit rien qui puisse motiver une agression légale contre la ville ou les poulaillers *du Mans*.

Les consultans n'auraient aucune prescription à craindre, si la voie des tribunaux leur était ouverte. On ne prescrit qu'autant que l'on possède : or, les poulaillers *du Mans* n'ont pas la possession du droit de vendre seuls des poulardes, ou de leur faire donner la préférence sur celles de leurs voisins.

Si les consultans se croient réellement intéressés à revendiquer la réputation de poulaillers par excellence, ils peuvent suppléer au défaut d'action juridique par divers autres moyens : 1.º il ne tient qu'à eux d'imprimer, publier et distribuer avec profusion leur mémoire, qui n'est pas médiocrement plaisant, et qui éclairera et amusera le public ; 2.º ils peuvent faire insérer dans les journaux une notice sur la vraie patrie des poulardes ; 3.º il leur est libre d'adresser une pétition un peu plus sérieuse au Ministre qui a la police des marchés, et de solliciter un réglement qui trace la ligne de démarcation entre leurs poulardes et celles du Mans. En un mot, tous les moyens qui feront du bruit les conduiront à leur but, puisque alors les connaisseurs et les amateurs examineront ce grand procès, le jugeront, et donneront une autre direction au vent de l'opinion.

C'est là tout ce que la gravité de notre ministère nous permet de répondre.

Délibéré à Paris, le 28 pluviôse IX.

GATTREZ, BLACQUE, BERRYER, BONNET, DOMMANGET, JULLIENNE, CHAUVEAU-LAGARDE, F. N. DUFRICHE-FOULAINES, BELLART, SAGNIER, GUICHARD, DARIGRAND, AUBERTOT, GUÉROULT, LEBON, PROUSTEAUX-MONTLOUIS, DELACROIX-FRAINVILLE, JAHAN, THEVENIN, BOUTROUE, MAUGERET, MONY.

Les Poulardes du Mans contre les Dindons de la Flèche (1) ; ou Réponse à un libelle diffamatoire intitulé *Mémoire à consulter pour les Poulardiers de la Flèche contre les Poulaillers du Mans.*

> Tout ce que les mortels ont de plus redoutable ,
> Semble s'être assemblé contre nous par hasard ;
> Je veux dire la brigue et l'éloquence ; car
> D'un côté le crédit des plaidans m'épouvante ,
> Et de l'autre côté l'éloquence éclatante
> Des (2). . . . . m'éblouit . . . . .
> . . . . Mais quelque défiance
> Que nous doivent donner la susdite éloquence
> Et le susdit crédit , ce néanmoins , messieurs ,
> L'ancre de vos bontés nous rassure. . . . Racine.

En vain l'histoire déroule aux yeux de l'univers le tableau épouvantable des révolutions produites par une injuste agression ; en vain la paix vient consoler l'Europe des longs malheurs de la guerre : les poulaillers de *la Flèche* osent attaquer ceux *du Mans.* Quelle folie ! quelle témérité !

On a pu voir le trône de *Sésostris* brisé par quelques factieux ; on a pu voir *Olaüs* (3), à l'exemple de l'impie *Omar*, livrer aux flammes les monumens historiques du nord ; on a pu voir l'empire colossal des Romains s'anéantir comme un vain prestige : on ne verra pas les poulaillers du Mans succomber dans une lutte aussi importante que glorieuse.

César, immolé par *Brutus*, a pu périr ; un instant fit sa gloire, un instant consomma sa ruine.

La férocité de *Caligula* (4), les débordemens de

---

(1) Chez *N. Renaudiere*, imprimeur, rue des Prouvaires, N.° 564 ; et chez la veuve *Guillaume*, libraire, rue St. Honoré, près la pharmacie de *Cadet.* (Germinal an IX.)

(2) *Gattrez, Berryer, Bellart, Bonnet, Chauveau-Lagarde, Jullienne, Blacque, Foulaines, Dommanget, Mont Louis, Frainville, Maugeret, Sagnier, Guichard, Aubertot,* etc.

(3) Ce roi de Suède attribuant aux runes la difficulté qu'éprouvait la religion chrétienne pour s'introduire dans ses états, assembla en 1001 tous les grands de son pays. On convint unanimement de leur substituer les lettres romaines, et le roi fit brûler tous les livres, dont la plupart contenaient l'histoire des peuples septentrionaux. *V.* le Lexique latin-scandinave d'Eric Schroderus.

(4) Tous les dix jours, *Caligula* arrêtait le rôle des prisonniers qu'il condamnait à mort, et il appelait cela *apurer ses comptes.*

Néron, la stupide tyrannie de *Domitien* (1), ont pu provoquer de grands désordres ; une puissance d'un jour ne mérite pas un grand intérêt : mais la renommée des poulardes du Mans, renommée maintenue, agrandie depuis le commencement du monde, survivra triomphante.

Smyrne disputera à la ville de Chio l'honneur d'avoir vu naître *Homère* (2) ; l'Anglais *Mayow* contestera à *Lavoisier* la première idée de la décomposition de l'eau (3) : mais aucun effort humain ne pourra enlever aux habitans du Mans la supériorité dans l'art heureux d'élever les poulardes.

Il en est, comme l'a dit Homère, des races des poulardes ainsi que des feuilles des arbres ; les unes, abattues par le vent, jonchent la terre, tandis que les autres, reproduites par les forêts verdoyantes, renaissent en la saison du printemps : ainsi parmi les races de poulardes, celles - là naissent et celles-là périssent (4).

Nous n'accuserons donc pas, par une folle vanité, les poulaillers de la Flèche de l'audace qu'ils ont de s'assimiler à ceux du Mans ; cette prétention, toute ridicule qu'elle serait de leur part, ne suffirait pas pour exciter notre réclamation : mais ils ont l'impudeur, ces poulaillers indignes de l'être, de contester aux poulardes mansoises la noblesse de leur origine ; et

---

Plût aux Dieux, disait-il, que le peuple romain n'eût qu'une seule tête, pour qu'elle pût être abattue d'un seul coup ! *V*. Sénèque, Suétone et Dion.

(1) *Domitien* exila les philosophes, et particulièrement *Epictète* ; c'était l'ennemi implacable des sciences et des arts.

Sulpicia, dame romaine, a fait une satire à ce sujet ; on y trouve ces vers :

> *Dic mihi, Calliope, quidnam pater ille deorum*
> *Cogitat? An terras et patria sæcula mutat?*
> *Quasque dedit quondam morientibus eripit artes,*
> *Nosque jubet tacitos et jam rationis egenos,*
> *Non aliter quàm cùm primo surreximus ævo*
> *Glandibus et puræ rursus procumbere lymphæ?*

(2) V. *Pausanias, Strabon, Aristote*, et *Wood*, célèbre critique anglais.

(3) *V*. les Annales de chimie.

(4) C'est la réponse de *Glaucus* à *Diomède*, qui lui demande quelle est son origine. *V*. Hom. ll. c. 6.

6 *

déjà notre sang s'allume, l'indignation nous agite, nous transporte.....

O mânes glorieux des poulardes, vous qui êtes descendus dans ces sombres demeures où l'espérance et la fortune ne sont que néant, n'avez-vous pas frémi? vos tombes ne se sont-elles pas ébranlées à la nouvelle de l'attentat qu'on préméditait contre vous? O vous, célestes poulardes, que le vulgaire appelle les colombes de Vénus, ne vous êtes-vous pas arrêtées tout-à-coup pour désenchanter la terre où des impies ont osé vous insulter? Ils vous accusent d'usurpation ! ils osent, en empruntant les accens d'une sainte colère, vous appliquer le *sic vos non vobis!* Perfides déclamateurs ! le jour de votre honte est arrivé.

Vous avez tronqué les faits ; nous allons les rétablir, nous démontrerons la justice de notre cause par le droit naturel, le droit civil, le droit divin.

Dans l'illustre nation des poules, dont les poulardes et les chapons que je défends sont les dignes réjetons, on compte l'antique famille des poules d'Asie, celle d'Afrique, celle de Barbarie, celle de Numidie, celle de Guinée, de Mauritanie, de Tunis, etc. Les poulardes du Mans sont sœurs, de pères et de mères, de celles du pays de Caux, et cousines-germaines des délicates poulardes de la Bresse.

Les poulardes du Mans descendent en droite ligne de la respectable famille des poules sauvages des Indes.

Ce fait est consigné dans l'histoire.

La première femme naquit aux Indes orientales (1).

C'est aux Indes orientales aussi que naquit la première poule. C'est là que parurent les premiers hommes ; c'est là que parurent les premiers chapons.

L'histoire des chapons et de la poule se trouve donc liée à celle des hommes ; et, comme l'a très-bien dit le voyageur *Sonnerat* (2), *ce point d'histoire naturelle jette quelque jour sur l'histoire civile de l'homme, comme l'histoire civile de l'homme en répand sur ce point d'histoire naturelle.*

Les poules sauvages se sont apprivoisées à mesure que

---

(1) Graces aux savantes recherches des modernes, nous sommes certains de cette vérité.

(2) Voyage aux Ind. or. et à la Chine, t. 2, p. 162.

l'homme s'est civilisé ; et l'on peut fixer l'époque de leur premier état d'affabilité à l'an 2951 avant J. C., époque où *Fohi* commença à régner en Chine.

· Elles suivirent les premiers voyageurs, portèrent des colonies , tantôt au nord , tantôt au midi , tantôt à l'occident , et vinrent placer le corps de la nation en Afrique.

L'Arabie fut le pays qu'elles agréèrent le plus , et la reconnaissance motivait une telle conduite.

Les Hic-sos, ou rois pasteurs, les mêmes qui sous la conduite d'*Ephraïm* ou *Salathis* envahirent l'Egypte, les accueillirent (1) ; elle furent témoins des grands événemens ; elles étaient avec *Enoc lorsqu'il commença à invoquer le nom du Seigneur* (2) ; et Abraham, devenu le père des croyans , réunit plusieurs d'entre elles autour des quatre autels qu'il éleva au vrai Dieu.

Les unes partirent donc pour la terre des Cananéens (nous suivons le texte hébreu), dans le bocage de Moreh ; les autres allèrent sur la montagne entre Haï et Bethel.

Celles-ci visitèrent les bois de chênes de Mamré , près d'Hébron ; celles-là se fixèrent sur le mont Moriah, l'un des côteaux de la montagne de Sion (3).

Elles virent *Isaac* sur le point d'être immolé , accompagnèrent *Jacob*, et suivirent enfin les Israélites dans leurs révolutions du gouvernement patriarcal au judiciaire , du judiciaire au gouvernement royal , et de celui-ci au gouvernement des pontifes (4).

Ces dames avaient acquis une telle célébrité au temps de *Moïse*, qu'on décida, pour les soulager du soin d'élever leurs enfans , de châtrer les poulets. Ceux-ci furent donc chargés de diriger les petites familles, et le *Deutéronome* consacra leurs fonctions (5). On fit plus, on établit dans la suite, au Caire, des fours pour leur éviter la peine de couver.

Les poules d'Asie, destinées à vivre toujours chez

---

(1) *V.* M. *Boivin* l'aîné , Mém. de l'académie des ins. t. 3.
(2) Genes. ch. 4 , v. 26.
(3) Genes. 12 , v. 6 , 8.
(4) *V.* l'Hist. du peup. de Dieu.
(5) *V.* Deutéronome.

un peuple religieux, restèrent peu de temps parmi les habitans de Délos; ceux-ci cependant s'étaient occupés les premiers de les engraisser (1); et comme ils faisaient un assez grand commerce à Rome, on ne voulut bientôt plus, dans cette ville, manger d'autres volailles.

L'excès de la table dans ce genre se porta à un tel point, que la loi *Fannia* défendit, l'an 592 de Rome, *Caïus Fannius Strabon* étant consul, de servir à table aucune volaille, à l'exception d'une poule qui n'aurait pas été engraissée.

Cette circonstance donna un avantage momentané aux poulets, parce que les gourmands prétendirent qu'on avait défendu de manger des poulardes et non pas des poulets.

Ainsi on élude les lois!

Les Gaules aspirèrent aussi à l'honneur d'accueillir les belles Asiatiques. Dès le temps des apôtres, l'un des soixante-douze disciples, *Jullien*, fondateur de l'église paroissiale du Mans, qui de Rome était passé dans cette ville, en fit venir (2).

Bientôt elles devinrent très-nombreuses; et la ville du Mans acquit par elles une si grande importance, une si grande réputation, qu'elle fut nommée par les Grecs *Ornithopolis*.

Guillaume, duc de Normandie, depuis roi d'Angleterre, jaloux de posséder un si précieux aliment, obtint de faire passer des poules mansoises en Normandie, et bâtit, en reconnaissance de ce bienfait, un château qui subsisterait encore au Mans, si les guerres civiles ne l'avaient fait détruire (3).

Tels sont les faits irréfragables que les poulaillers du Mans opposent à leurs adversaires : telle est l'origine

---

(1) Gallinas saginare Deliaci cæpere : unde pestis orta opimas aves et suopte corpore unctas devorandi. Hoc primùm antiquis Cæsarum interdictis exceptum invenio jam lege C. Fann. Strab. eoss. XI annis, ante tertium punicum bellum, ne quid volucre poneretur præter unam gallinam quæ non esset altilis ; quod deinde caput translatum per omnes leges ambulavit, inventumque diverticulum est in fraude earum, gallinaceos, quoque pascendi lacte madidis cibis, multò ità gratiores approbantur.—Glandorp. Onomastic. p. 333.

(2) *V*. l'anc. Encyclop.

(3) *V*. l'Encyclop.

sacrée de la réputation des poulardes du Mans. Voyons comme elles l'ont su conserver, et comment elles la méritent.

Nos adversaires, égarés par le délire de l'ambition, ne se contentent pas de nous attaquer injustement ; ils invoquent encore des actes qui tournent entièrement contre eux. Que signifie, en effet, cette préférence tant célébrée par eux d'*Henri* IV pour les habitans de la Flèche ?

Rien, si ce n'est que, suivant constamment les mêmes principes et conformément au Deutéronome, les poulardes se trouvèrent avec le parti catholique contre l'hérétique *Henri* IV.

Mais à peine, le 2 décembre 1589, la place fut-elle rendue, à peine *Henri* fut-il rentré sous des bannières plus dignes de son haut courage, que les poulardes du Mans se dévouèrent à son service (1) ; et ce prince n'eut pas de peine à reconnaître qu'une ville où l'on trouvait de magnifiques abbayes et un peuple religieux, était celle où les poulardes étaient meilleures.

Il n'est pas étonnant, enfin, qu'*Henri* IV, seigneur particulier de la Flèche, comme fils et héritier des ducs de Vendôme (2), accueilli par les habitans du pays au moment de la guerre civile, ait penché en leur faveur : mais *Henri* IV était un profond appréciateur du mérite ; il connaissait parfaitement les dispositions de ses sujets ; il consacra donc l'éducation des dindons à la Flèche, en y fondant, en 1603, un collége de Jésuites (3).

Des dindons !... et la gloire de répandre cette nation puissante, quoique nouvelle, ne suffit pas aux poulaillers de la Flèche !

On trouve des poulardes exquises au Mans ; celles du pays de Caux sont délicieuses ; on savoure celles de la Bresse : mais comme le domaine des dindons est plus étendu ! par-tout on les rencontre, dans le palais des rois comme dans la chaumière, à Paris comme à la campagne.

Ah ! quelle dépopulation, si les Jésuites étaient forcés

---

(1) Piganiol, Descrip. de la France.
(2) Longuerue, Descrip. de la France, part. 1, p. 102. Pig. Descrip. de la Fr., t. 2, p. 122.
(3) Les Jésuites ont amené les dindons en France.

de les reporter aux lieux qui s'honorent de les avoir vus les premiers !

Les faits que j'ai cités, prouvent que les poulardes ainsi que les chapons du Mans sortent de la Terre-sainte ; elles prouvent qu'elles ont constamment suivi les adorateurs du vrai Dieu ; qu'elles ont été spécialement favorisées par les apôtres, les disciples et les ministres du culte catholique ; et j'ignore s'il est possible de porter à un plus haut point d'évidence, la justice, en droit divin, d'accorder aux poulardes du Mans la suprématie.

Les événemens politiques n'ont rien changé à leur état civil. *Henri IV* les a méconnues un moment ; mais ne méconnut-il pas aussi l'Eglise ? Il est rentré dans le bercail du Seigneur ; et le Seigneur, pour le récompenser, lui a accordé la douceur d'offrir des poulardes à la charmante *Gabrielle*.

Henri a voulu que chaque paysan pût mettre la poule au pot le dimanche : il a fait plus ; il a chanté les poulardes du Mans dans la romance, *Viens, aurore.*

Il s'écrie au second couplet, en parlant de sa belle :

> D'ambroisie
> Bien choisie
> Hébé la nourrit à part,
> Et sa bouche,
> Quand j'y touche,
> Me parfume de nectar.

Quel est l'esprit assez obtus pour ne pas reconnaître que l'*ambroisie bien choisie* ne soit les poulardes du Mans, *Hébé* la cuisinière de Gabrielle, et le *nectar* du vin de Bourgogne ?

Ce fait est certain, démontré, péremptoire, irréfragable ; cependant il ne suffit pas en termes juridiques, et je vais procéder dans les formes.

La loi générale des citoyens, comme des poulardes, repose sur le droit public ; le droit public des Français est, ainsi que chez les Grecs, ou écrit ou non écrit (1).

Or, qui n'a pas lu ce passage de *Rabelais* dans Pantagruel, l. IV, c. 6 :

« *Ce sont moutons du levant, moutons de haute-futaye, moutons de haute Gresse, aussi gros,*

---

(1) § 3, Inst. de jur. nat. gent. et civil.

aussi gras , aussi tendus, et d'un aussi excellent goût en leur genre, que le sont dans le leur les chapons du Mans, qu'on appelle communément chapons de haute Gresse (1) ».

Qui n'a pas lu cet article du Dictionnaire universel de *Savary* :

« Le commerce de la poulaille vient particulièrement » du Maine et du pays de Caux.

» Les Coquetiers sont obligés de la porter au bureau du quai de la Vallée. »

Les registres tenus pendant cinq cents ans, et les offices de vendeurs de poulaille, prouvent ce fait. Que peuvent opposer nos adversaires ?

Des pièces controuvées, des pièces qui n'ont aucun rapport avec la cause, des pièces, en un mot, qui tourneraient contre eux si l'on daignait les commenter.

O imposture ! ô effet déplorable d'une ambition frénétique ! ô démoralisation bien digne de notre siècle !

Nos adversaires n'ont pas craint d'en appeler au témoignage de l'empereur *Julien*, de cet ennemi juré des poulardes, de ce monstre insensible aux douceurs d'un mets délicat, de ce buveur d'eau éhonté qui fuyait les caresses de l'amour, et ne portait qu'un tribut ingrat aux autels de Vénus (2).

Ils ont cité le Mysopogon, où cet empereur a l'audace d'avouer qu'il ne donnait jamais à dîner, qu'il fuyait les théâtres, qu'il avait la coupable erreur de guerroyer (ce sont ses expressions) contre son appétit ! Ils ont cité le Mysopogon !...

Ils n'ont donc pas lu le passage où l'auteur de cet ouvrage infernal s'exprime ainsi : *Et moi, non content de la prolixité de ma barbe, j'ai la tête crasseuse, rarement je me fais tailler les cheveux, rarement je rogne mes ongles, et j'ai les doigts presque toujours salis par le roseau qui me sert à écrire.* Ils n'ont donc pas lu l'endroit où il dit, en parlant de Paris : *Dans cette ville, beaucoup sont des sauteurs, beaucoup sont des joueurs de flûte ; il y a plus d'histrions que de citoyens, et aucun respect pour les chefs de l'État.*

Et l'on veut qu'un tel homme soit une autorité ! C'est

(1) *V.* l'Ornithologie de *Belon*, l. 5, ch. 7.
(2) *V.* le Mysopogon, p. 338.

un sombre penseur tout hérissé de philosophie, qu'on prétend armer de l'élégant couteau de Delphes (1) pour dépecer une poularde du Mans ! c'est lui qui doit juger de sa saveur !

La douleur s'empare de toute mon ame, mon cœur se brise, lorsque j'entends prononcer de tels blasphèmes, lorsque je vois à quels excès les hommes égarés par la vanité peuvent se porter. *Vanitas vanitatum et omnia vanitas !*

En effet, *Chapelain* se croyait un *Virgile*, *Mahomet* se disait prophète, les poulaillers de la Flèche se prétendent des poulardiers ! Répétons donc avec l'ecclésiaste, *Vanitas vanitatum et omnia vanitas.*

Quand même le droit civil paraîtrait contraire à la cause de mes cliens, le droit naturel suffirait pour les faire triompher de l'indigne agression qu'on se permet contre eux.

Civilis ratio naturalia jura corrumpere non potest. l. VIII, de cap. min.

La raison civile ne peut porter atteinte aux droits naturels. Or, quoi de plus naturel, *quid naturalissimum*, que les poulardes du Mans servent à enrichir les poulardiers du Mans qui les engraissent avec tant de soins ? Nos adversaires ne viendront pas sans doute nous accuser de chaponer les poulets ; nous leur opposerions le Deutéronome ; nous leur avouerions même que la loi *Cornelia* défendait la castration : mais les *capi*, suivant *Varron*, les *capones*, suivant *Martial*, les *alectuôn tomai*, suivant les Grecs, enfin les chapons, s'entendent ici des hommes et non des bêtes, quoiqu'il y ait bien des bêtes qui soient hommes, et bien des hommes qui ne valent pas de bons chapons du Maine.

Par l'écriture sainte, l'histoire grecque et romaine, par l'histoire ecclésiastique, les registres du commerce, l'histoire de France, *Rabelais*, *Piganiol*, etc., nous avons démontré que les poulaillers du Mans sont les seuls dignes de porter ce noble titre, et que ceux de la Flèche sont des calomniateurs.

Nous demandons, en conséquence, que leur placet ne

---

(1) Les habitans de Delphes étaient célèbres pour la coutellerie. *V. Pausanias* et *Strabon*, p. 416.

soit point admis , que leur supplique soit regardée comme non avenue, que les pièces (50 poulardes) du procès soient mises au feu , portées ensuite aux jurisconsultes qui ont figuré dans cette importante affaire , pour le tout être anéanti comme de droit , et que les susdits poulaillers soient condamnés aux frais et dépens, lesquels, pour être mieux liquidés , consisteront en 25 bouteilles de vieux Pomard, 10 de vin des côtes du Rhône, 15 de Barzac, et 5 de Tokai.

Terminerai - je cette défense par un éloge pompeux de mes clientes ? elles ont été dignement louées par mes adversaires ; et d'ailleurs, à peine a-t-on parlé des poulardes du Mans,

Spas gutture sudat (1).
Au nom délicieux des poulardes du Mans ,
L'espoir vient humecter les palais des gourmans.

Irai-je les comparer au porphyrion des anciens (2) ? Rien n'est au-dessus d'elles. Irai-je , étalant leurs titres généalogiques , prouver leurs degrés de parenté avec ces pintades gracieuses appelées par *Martial guttatœ* (3), *meleagrides* par *Varron* (4) et *Pline* (5) ? Les comparerai-je aux *queteles* du royaume de Congo (6) ? Non sans doute ; mais je dirai avec Claudien :

Medus ademit
Assyrio , Medoque tulit moderamina Perses,
Subjecit Persen Macedo cessurus , et ipse Romanis.

L'Assyrien fut dompté par le Mède, le Mède par le Perse, le Perse par le Grec, le Grec par le Romain ; le poulardiers du Mans n'éprouveront point une telle infamie.

Ira-t-on déporter les poulardes du Mans pour favoriser les dindons de la Flèche ? Mais qu'est-ce qu'un gouvernement sans poulardes ?

Le droit politique ne s'oppose donc pas moins à cette tentative que le droit religieux, le droit civil, le droit naturel.

---

(1) Lebeau.
(2) *V*. Elien , l. 3 , c. 41.
(3) L. 3, eprig. 58.
(4) L. 3 de Re rusticâ.
(5) L. 10 , c. 26 , Hist. nat.
(6) Margravius , l. 5 , c. 2 , Rerum natur.

Tout est faveur dans ma cause; tout est défaveur dans celle de mes adversaires.

Les dindons sont carnassiers, voraces, immondes, comme l'a fort bien prouvé le seigneur de Loupei‑gne (1) : les modestes poulardes, au contraire, sont ten‑dres, douces, et, comme les femmes, elles sont aimables jusque dans leurs caprices.

Les dindons ont failli priver la France de son *Juvé‑nal* (2) : on ne se souvient des poulardes que par les bienfaits qu'elles ont répandus sur la terre.

Tout célèbre leur supériorité : leurs grands‑oncles étaient admis au Capitole (3) ; une contre-danse em‑prunte en France le nom de leurs mères (4), et le cha‑peau de plus d'une belle en a rappelé le souvenir (5). Je puis donc rassurer ces nobles nourrices du preux *Roland* (6).

Oui! sublimes descendantes des belles poules d'Asie qui firent le charme des premiers humains, poulardes du Mans, ne craignez point pour votre gloire ; rien ne peut l'anéantir..... Tant que les cieux rouleront leurs soleils éclatans, tant que les eaux baigneront la terre, et que l'homme, cet insecte orgueilleux, s'agitera sur le globe, vos autels subsisteront. Les révolutions pour‑ront entraîner dans leur débordemens, et les philosophes, et les pontifes, et les rois, et les républiques, votre re‑nommée sera respectée. Telle qu'une montagne de feu, elle restera lumineuse au milieu de la nuit profonde des bouleversemens et de la destruction : elle triomphera des hommes, des événemnns et des siècles.

GABRIEL LEBLANC, *fondé de pouvoirs.*

LE CONSEIL SOUSSIGNÉ, qui a lu, 1.º un Mémoire intitulé *Question d'État pour les poulardes de la Flèche contre celles du Mans* ; 2.º la Consultation de plusieurs Jurisconsultes de Paris ; 3.º une Réponse en faveur des poulardes du Mans ;

----

(1) *V*. Causes amus. t. 2., p. 209.
(2) Boileau.
(3) Les poulets sacrés.
(4) La poule.
(5) Les chapeaux à la belle-poule.
(6) Ce terrible neveu de Charlemagne était comte du Mans ; et c'est assurément au séjour qu'il fit dans cette ville, qu'il dut sa force, sa beauté et sa valeur.

(93)

Vu quatre poulardes achetées, savoir, deux au Mans, et deux à la Flèche, chez les meilleurs poulardiers ; lesdites poulardes envoyées sous bande de lard avec certificat dûment légalisé, constatant le lieu où elles avaient été nourries ;

Vu le procès-verbal dressé par six dégustateurs qui ont prononcé sur le mérite des défenderesses.

ESTIME que c'est à tort que des jurisconsultes célèbres ont craint de *compromettre la gravité de leur ministère* dans une affaire de cette nature.

Les potentats n'ont-ils pas soutenu des guerres longues et sanglantes pour des sujets beaucoup moins intéressans ? Le *cèdre* ne porta-t-il pas *Adrien* à détruire Jérusalem ? et le bois de *campèche* ne fut-il pas la cause des guerres de 1736 et de 1743 entre l'Espagne et l'Angleterre ?

Le *figuier* arma *Xerxès* contre les Athéniens, et à l'instigation de *Caton*, Rome contre Carthage (1). Les Juifs et les Romains se battirent pour l'arbrisseau qui donne le baume (2). Les Brasiliens en viennent souvent aux mains pour l'acajou. Enfin, *le poivre et la muscade*, substances superflues pour assaisonner les volailles fines, ont fait prendre, dans les Indes, les armes aux Hollandais. Pourquoi s'étonnerait-on de voir un procès naître pour les poulardes ?

On ne doit point, d'ailleurs, attribuer cette contestation à l'esprit chicanier des Manceaux.

Ils ne sont point agresseurs ; la prévention qui existe contre eux est injuste ; et quand certains quidams répètent malignement qu'*un Manceau vaut un Normand et demi*, ils ne savent pas que l'application qu'ils en font est entièrement fausse ; ils ne savent pas que ce *dictum* tire son origine de la différence qui existait dans les monnaies du Maine et de la Normandie, lorsque ces provinces étaient gouvernées par deux princes différens (3).

La ville du Mans fut bâtie sur la *Sarthe* par *Samo-*

---

(1) Linnée, Phil. bot. 15.

(2) Plin. c. XII.

(3) Les monnaies du Maine valaient moitié plus que celles de Normandie.

thès, petit-fils de *Noé* : or, ce *Samothès* (1) n'aura
pas manqué de demander à son bon papa une poule
pour en acclimater l'espèce en Europe, et cette poule,
choisie par le *Restaurateur* de l'univers, est très-cer-
tainement une des premières causes de la réputation des
poulardes du Mans.

Enfin, dans cette affaire, il s'agit de la gloire, et les
juges doivent recueillir les voix de la renommée. Cette
renommée est toute entière pour les poulardes mansoises.
Quand le peuple parle d'un chapon, c'est toujours d'un
chapon du Mans : *Vox populi, vox Dei.*

C'est donc en vain que les adversaires des poulardes
du Mans vantent le mérite *de la Flèche* ; ils n'offrent
pas un seul *trait* qui porte conviction.

Les législateurs du goût, les *Racine*, les *la Fontaine*, ont consacré la renommée des volailles de cet
heureux pays. La pièce des Plaideurs est faite sur le
vol d'un chapon.... : de quel chapon ?

> Il est vrai que *du Mans* il en vient par douzaine ,

dit le grand Dandin.

> Tant y a qu'il n'est rien que votre chien ne prenne ,
> Qu'il a mangé là-bas un bon chapon *du Maine*,

s'écrie le sincère Petit-Jean. Je le demande, est-il une
autorité meilleure ? et *la Fontaine*, si célèbre par sa
véracité, ne dit-il pas, liv. 8, fable 22 :

> Un citoyen du Mans , chapon de son métier ,
> Était sommé de comparaître
> Par-devant les lares du maître ,
> Au pied d'un tribunal que nous nommons foyer.

Que répondre à ces preuves ? rien ; et le Conseil estime
que dans cette discussion élevée sur la qualité des volailles, les tribunaux, comme tous les Français, se déci-
deront en faveur des *Graces*, et que les jolies poulardes
du Mans l'emporteront sur les grands dindons de la
Flèche.

Délibéré à Paris, le 5 Germinal an 9.

ORNIFAGE.

Dès que la réponse de *Leblanc* parut, *Barré* com-
posa un drame, et *L. R. Surger*, l'un des collabora-

---

(1) *V.* Tabl. géog. hist. de la France au XVI.e siècle , par
Voyer Paulmi , t. PP.

teurs des *Actes des Apôtres* (1), fit imprimer la pièce suivante. Le but de *Surger* était d'attirer tout Paris au Vaudeville ; il y réussit. Les acteurs et les imprimeurs mangèrent seuls les poulardes.

THÉATRE DU VAUDEVILLE.

Les Poulardes de la Flèche contre celles du Mans.

Vive *la mort!* disaient les exclusifs de 93 ; *Vive la joie ! vive la joie !* disent aujourd'hui tous les bons Français. *Joie* par-tout , même au Palais de Justice.

Mancini-Mazarin n'était pas bête , et il disait : *Gouverner un grand peuple qui ne sait plus rire, n'est pas petite chose. Arouet-Voltaire* n'était ni niais , ni cardinal, ni ministre, ni Italien , et il disait au philosophe *Sans-Souci* (et ce sans craindre de passer pour *idiot*) : *La gaîté, chez une nation qui a beaucoup souffert, est le symptôme de sa convalescence.* Je ferais un in-folio de Bénédictin , si je citais tous les personnages qui ont prouvé qu'un peu de folie n'est pas incompatible avec la raison. Tous nos atrabilaires colportent leur gravité et leur ennui ; ils courent après les jouissances ; et le plaisir fuit devant eux, parce qu'ils ne connaissent pas le travail; ils s'ennuient et ennuient les autres. Le prophète *David* a dit, *La joie convient aux justes ;* et des soporatifs qui ne sont ni rois, ni prophètes, ni poètes, ni cardinaux, ni ministres , ont été scandalisés de voir les premiers jurisconsultes de l'Europe rédiger un Mémoire et une Consultation pour des bêtes.

Je tolère les autres, je veux qu'on tolère même mes ennemis , et je dis à ces intolérans , que *ce qui n'est pas prohibé par la loi est permis ;* puis je les invite à mieux faire ; puis je leur prophétise qu'ils feront moins bien, et qu'il faut être les *gaudeant bene nati* du *Vaudeville,* pour présenter le même tableau sous un jour également favorable.

---

(1) Sous le règne de la terreur, on s'est empressé de brûler cet ouvrage , qui a suscité tant d'ennemis à ses nombreux auteurs. — Le constituant *Barnave* disait à *Foulaines* : « Vous riez de tout ; le comité des recherches est là.... Vous jouez tous gros jeu. — Nous prenons la marote , répliqua *Foulaines*, et vous laissons les poignards.

Il est très-faux que le projet des signataires soit de ne pas aller au *Vaudeville* le 21 , quoique les artistes se proposent d'imiter les gestes et les attitudes du barreau de Paris. Tout ce qui prête à l'illusion est du ressort de l'acteur, et des hommes habitués à captiver un auditoire éclairé, n'ont rien à redouter de ce même public dont ils défendent la fortune, la vie et l'honneur.

Les poulardiers de la Flèche ont promis une poularde à chaque signataire; l'envoi a été *ajourné*, vu la réclamation de la *Basoche en masse*, et la difficulté de rassasier, *incontinent*, trois cents Clercs, dont l'*appétit* est *en permanence*. Les jurisconsultes font le sacrifice de leurs honoraires. Invitation vient d'être adressée au coq des poulardiers de la Flèche, aux fins de transmettre les *demanderesses* à Barré, *Chazet, Gouffé, Dupaty, Radet, Prévôt-d'Iray, Bourgueil, Séguier, Dieulafoi, Ségur*, aux clauses, par ceux-ci , de convoquer leur joyeux collaborateurs; plus, les acteurs et actrices du *Vaudeville*; plus, l'aristarque J. *Lavallée*, plus, *Gabriel-Ornifage-Leblanc*, défenseur des *intimées* ; plus, l'imprimeur *Fauvelle*, sans oublier tous les *signataires*, au jour et heure de la dégustation qui se fera chez tel restaurateur que le bâtonnier *Gattrez* désignera, *tous frais et dépens compensés*.

Ainsi soit-il.

A Paris, ce 20 Floréal an IX. **L. R. SURGER.**

Demain 21 , *la première représentation des poulardes du Mans et de la Flèche, ambigu entrelardé de* Vaudevilles.

(De l'Imprimerie du quai de la Vallée.)

On avait annoncé des observations sur la *Réponse* des poulaillers du Mans au *Mémoire* pour les poulardiers de *la Flèche*. J. *Lavallée*, entraîné par son zèle pour la justice, ayant pris la défense de ceux-ci dans le *Journal des Arts*, n.º 126, les rédacteurs du *Journal du Palais* ne purent mieux faire que de propager son intéressante réplique dans leur numéro du 20 floréal an IX.

Le défenseur des poulaillers Manceaux emprunte trop des *Nuits d'Young* et du plaidoyer de *maître Petit-Jean*. G. *Leblanc* n'est pas assez sobre de métaphores, de citations, d'hyperboles, d'emphase......

II

Il s'écarte de ces préceptes de *Lamothe-Houdard* (Ode sur l'Éloquence) :

> Vous qui voulez dans cette lice (*le Barreau* ,)
> Pleins d'une utile ambition,
> Oter le masque à la malice
> Et désarmer l'oppression,
> Evitez un style emphatique,
> Un ton follement pathétique ;
> Un savoir du fait écarté ;
> L'Éloquence ici sur ses traces
> Ne laisse marcher que trois Graces ;
> La RAISON, l'ORDRE et la CLARTÉ.

Il était réservé au rédacteur éclairé et judicieux du Journal des Sciences et des Arts, de faire sentir le ridicule extrême de la défense des poulaillers du Mans. Il a donné l'exemple et le précepte de la bonne plaisanterie, dans sa Réponse analytique à *G. Leblanc* : s'il s'est permis aussi quelques exagérations, elles sont assaisonnées avec le *sel attique*, et le sujet semblait les autoriser ; elles sont si ingénieuses, si gaies, que le bon goût les pardonnerait, quand même elles seraient outrées.

RÉPLIQUE de J. LAVALLÉ au Mémoire des poulaillers du Mans.

HÉLAS ! lorsque, guidé par la raison, la justice et la vérité, je rendais compte du lumineux, érudit et profond *Mémoire* pour nos confrères les *artistes* poulaillers de la Flèche ; qu'alors livré à l'un de ces noirs pressentimens, irréfragables augures des attentats médités par la perversité humaine, j'avais bien sujet de répéter avec le grand *Corneille* :

> Et déjà dans un mal je vois dix mille maux.

Il est enfin arrivé ce jour de douleur, où la chicane irrite tous ses serpens contre la touchante et faible innocence. Voilà que l'ivraie se mêle au froment, que le plomb vient ternir l'éclat de l'or, que *Locuste* exprime ses poisons dans la coupe d'*Hébé* ; voilà que tout est menacé, attaqué, renversé, ravagé, profané, violé ; voilà enfin qu'il vient de paraître une réponse au *Mémoire* des poules de la Flèche.

Et le soleil a pu, sans reculer, voir cette œuvre de ténèbres !

Mais reprenons le caractère de modération qui nous convient. Je vais rendre compte de cette réponse, intitulée LES POULARDES DU MANS CONTRE LES DINDONS DE LA FLÈCHE. (Les dindons ! bon dieu ! les dindons ! qu'ont-ils de commun dans cette affaire ?) Je parlerai avec cette impartialité qu'exige une cause aussi *grave*, aussi *mémorable*, aussi *importante*, et sur laquelle reposent les plaisirs du riche, les récréations de l'ouvrier, la vénérable splendeur du quai de la Vallée, et les vastes intérêts des cuisines de tous les temps, de tous les lieux, de tous les hommes, avec cette *impartialité* des jurés, qui ne prononcent jamais d'après leurs préjugés ; et avec cette *impartialité* de nos avocats modernes, qui ne plaident jamais que d'après leur conscience ; avec cette *impartialité* des journalistes, qui n'ont jamais d'arrière-pensée.

Par *astuce*, l'auteur a mêlé à la défense de ses poulardes, la défense des chapons, personnages inattaquables, et qui vivent toujours en paix, et pour cause. Admirons jusqu'à quel degré d'erreur peut conduire un paradoxe, quand on ne l'arrête pas dès l'origine. L'auteur fait naître la première poule et le premier chapon aux Indes, et après un voyage de 9 à 10,000 ans, à travers l'Asie, l'Afrique, la Barbarie, la Numidie, la Guinée, la Mauritanie, etc., les fait débarquer côte à côte dans la ville du Mans.

Sans m'arrêter à l'indécente inconvenance que commet l'auteur, en donnant aux dames qu'il défend, de semblables associés, et sans tirer de son hyperbole ce grand argument, que l'ennui fait toujours maigrir, que par conséquent les dames poulardes du Mans, qui, selon lui, sont de toute éternité en société avec des chapons, doivent être étiques, et que, d'après cela, les poulardes de la Flèche pourraient dire, *habemus confitentem reum* ; je me contenterai de demander à l'auteur, comment il s'est flatté de nous faire comprendre une race de chapons, qui descend, de *père en fils*, depuis le Paradis terrestre jusqu'au Mans ?

Je sais que la crédulité est une excellente chose ; je sais que d'excellens esprits travaillent à la remettre en vogue, et que cela prend : mais quelque crédule que l'on soit, encore est-il des choses physiquement impossibles. Certes, on ne dira pas que le sultan ne soit un prince très-crédule ; et à coup sûr, qui prêcherait une semblable doctrine dans ses Etats, serait empalé à la porte du sérail ; et je n'ai pas besoin de dire pourquoi. Or, si le système de défense est, dès les premiers pas, *évidemment vicieux, erroné, controuvé, imposteur* et *calomniateur* des lois de la nature, il s'ensuit que tout l'édifice croule de lui-même, que le mémoire de *G. Leblanc* ressemble à ces bulles de savon qui s'évanouissent dans l'air, et que les dames de la Flèche, qui n'ont recours qu'à des appuis vigoureux, qui ne fournissent au procès que des pièces entières, saines, substantielles, intègres et intactes, restent dans toute la plénitude de leurs droits.

Par quel hasard, par quel faux - fuyant criminel, l'auteur va-t-il comprendre les dindons dans cette cause ? Quoi ! c'est dans le siècle des lumières que l'on attaque les dindons ! les dindons ! pour qui..... Les dindons ! par qui..... Les dindons ! sur qui..... Je ne finirais pas si je voulais rappeler tous les égards dus aux dindons. Maître *Gabriel*, il n'en est pas des dindons comme de vos chapons ! Ce sont ceux-là dont on peut dire que la race n'en périra jamais. Ne sont-ce pas des *dindons* qui souvent exercèrent la plume de *Thucidide*, de *Xénophon*, de *Salluste*, du grand *César* lui-même? Les plus beaux morceaux de *Tacite* n'ont-ils pas rapport *à des dindons?* Croyez-vous que *Vély*, *Villaret* et *Garnier* n'aient pas eu en vue, dans leurs volumineux écrits, quelques *dindons* d'importance? et les arts ne les célèbrent-ils pas souvent? Que de *dindons* ils ont peints, sculptés, chantés, logés ! Qu'admire-t-on au théâtre? très-communément des *dindons*. Dans Zaïre ne sont-ce pas trois *dindons* qui vous arrachent des larmes ? N'est-il pas dans Mahomet un *dindonneau* à qui vous vous intéressez? Le royaume des *dindons* est par-tout; ils peuplent les enfers, le paradis, la terre et les mers ; le tout sans compter les écrivains, faute de temps. Ménagez-donc les dindons, maître *Leblanc*, par respect sur-tout pour la cause que vous défendez.

Et puis, qu'est-ce que la consultation que vous opposez? qu'est-ce que le nom d'ORNIFAGE, près des noms des jurisconsultes célèbres qui ont signé pour les poulardes de la Flèche? Croyez-vous que l'on soit dupe de ce nom grec, et que l'on n'y reconnaisse pas quelque vieux procureur du défunt Châtelet, ou un écolier tout couvert de la poussière des bancs ? Qu'entendent les savans par ce mot *Ornifage* ? un être qui ne mange que de l'or. Voilà pour ceux qui ne savent pas le grec. Je me résume.

Maître *G. Leblanc* a beaucoup d'érudition, beaucoup de talent, beaucoup de logique sur-tout. Mais ces poules, ce sont les habitans de la Flèche qui les nourrissent, qui les soignent, qui les engraissent. Au reste, qu'on lise le mémoire de *Leblanc* ; c'est la meilleure satire qu'on puisse en faire. Je ne prétends point vendre le chat en poche. *Leblanc* veut que les poules soient antiques : soit. Mais qui dit antiques, dit coriaces ; qui dit coriaces, dit des poules qu'on ne peut manger. Or, s'il parvient à faire juger que les poulardes de la Flèche sont modernes, tant mieux pour les *demanderesses* ; c'est une preuve qu'elles sont tendres : elles auront pour elles les cuisiniers, les traiteurs, les restaurateurs et les mangeurs, et à coup-sûr c'est avoir aujourd'hui la majorité.

Le 22 floréal *Leblanc* écrivit une lettre bien scientifique aux rédacteurs du Journal du Palais, qui eurent la déférence de la consigner dans leur N.° II du 25 du même mois.

Les rédacteurs s'étaient empressés de transcrire en entier l'article de *J. Lavallée* : cette transcription était un éloge mérité.

G. Leblanc est connu par de très-bons ouvrages sur des matières importantes.

trat de mariages, d'actes de donations entre les époux, en faveur du mariage, d'actes de partage de la communauté pour les différens cas prévus par la nouvelle législation ; par *M. F. B.*, auteur du dictionnaire de Législation, 1 fort volume 8.º : *prix*, 5 fr. ; à Paris, chez *Hacquart*, imprimeur-libraire, rue Gît-le-cœur, n.º 16.

Nouveau style des Notaires de Paris ; chez *Hacquart*, rue Gît-le-cœur, n.º 16.

La Clef du commerce, ou l'Europe commerçante ; par M. *Desolneux*, 2 vol. 8.º : *prix*, 9 fr., chez *Royer*, rue du Pont de Lodi, n.º 5.

On trouve chez le même libraire les ouvrages suivans, relatifs au Commerce.

MANUEL DES COMMISSAIRES DES RELATIONS COMMERCIALES ; par M. *Lareynie*, ex-Agent politique, 1 vol. 8.º : *prix*, 3 fr. 60 cent.

CODE PÉNAL MARITIME : 2 fr.

L'Année du négociant et du manufacturier, ou lois et réglemens depuis 1789, au XII, 8.º, 5 fr.

Code du fabricant, ou principaux réglemens qui le concernent, 1 vol. in-12 : 2 fr. 50 c.

Droit maritime de l'Europe, son influence, les obligations qu'il impose aux nations en paix ou en guerre ; par *Azuni*, 1801, 2 vol. 8.º : 8 fr.

Recueil de pièces sur la compétence de l'Amirauté, 1 vol. : 3 fr.

L'Amiral de France et des autres nations ; par *Lapoplinière*, 1585, 4.º : 10 fr.

Progrès de la puissance navale d'Angleterre, avec des observations sur l'acte de navigation, 2 vol. in-12 : 5 fr.

Nouveau Code de douane et de navigation, avec les motifs des lois par ordre, au XII, 1 vol. 4.º : 7 fr. 50 c.

Tableau complet des droits et restitutions des douanes en Angleterre ; traduit de l'anglais par *Laugier*, 4.º : 7 fr. 50 c.

Considérations sur le commerce, les compagnies et les maîtrises, 1 vol. 3 fr.

Du commerce des neutres en temps de guerre, d'après les conventions maritimes ; par J. *Peuchet*, 1 vol. 8.º : 5 fr.

Nouveau traité du change, cours complet d'opérations et arbitrages de banque, avec la valeur intrisèque et numéraire des monnoies ; par *Degrange*, 1 vol. 8.º : 5 fr.

Dictionnaire des arbitrages de change ; par *Corbeaux*, 2 vol. 4.º : 60 francs.

Traité des changes et arbitrages ; par *Soulet*, 8.º : 8 fr.

Observations sur les caisses d'amortissement d'Angleterre et de France, sur le *crédit* et les *traités de commerce*, ouvrages réunis en 1 vol. : 7 fr. 50 cent.

LES journaux annonceront les numéros suivans, et le prix de chacun. Le public est excédé d'annonces fastueuses; on ouvre des souscriptions, et rarement les ouvrages paraissent aux époques indiquées; souvent même ils ne sont pas continués. Le rédacteur des CAUSES CÉLÈBRES ne s'astreint point à une livraison périodique et obligée; en associant à son travail le grand maître des hommes, le temps, il lui sera moins difficile de le limer. Je conjure tous les Français éclairés et sans passions, tous les amis d'un Gouvernement qui veut et fait le bien, de me transmettre des notes ; elles seront adressées, *franches de port*, à MM. BASSET et MARTIN, Imprimeurs, propriétaires de l'ouvrage, rue de la Harpe, n.º 249, seuls chargés de la réception de tous les renseignemens nécessaires à la confection de ce recueil. Je n'aurai d'autre mérite que celui de profiter, pour l'établissement d'une jurisprudence uniforme, et des matériaux qu'on m'offrira, et de la critique décente dont on daignera m'honorer. Je respecterai la loi, ses organes, les religions, les mœurs et le secret des familles.

R. CARONDELEY.

A Paris, ce 29 Vendémiaire XIII.